論証モデルと論理式を用いた高得点小論文解法集

―東大・早慶に受かる小論文・グループディスカッション―

図：東京大学文学部合格者（元生徒さん）からのお手紙と合格通知書

入　学　許　可　書

氏　名

令和２年２月21日

東京大学文学部長　大西　克也

東京 大学 文 学部合格

第一志望の東京大学院に合格できて本当にうれしいです。小論文指導や面接の指導などしてくださった牛山先生には本当に感謝しています。試験の難易度がとても高かったので、てっきりもう一年受験勉強しなければいけないとも思っていましたが合格できて本当に安心しています。現役受験の時に通っていた予備校では先生が複数いらっしゃり、指導内容も先生によって異なることも少なくなかったので、誰の指導に従えば良いか迷うことも多々ありました。ですが文和会では牛山先生が一人で小論文の指導をされているので、一貫性のある指導がされており、迷うことなく小論文の書き方、考え方を学ぶことができました。研究計画書についても、もともと私は50点ほどでしか得点できていなかったのですが、「添削」を何回かしていただくうちにすぐに点数が上がっていきました。牛山先生の小論文の本にも小論文の基礎の基礎から説明がなされているため、論文の書き方・考え方を学ぶ上で従うべき道筋が見えたように思います。これからも東京大学でしっかりとがんばって行こうと思います。本当にありがとうございました。

東京大学
医学部合格

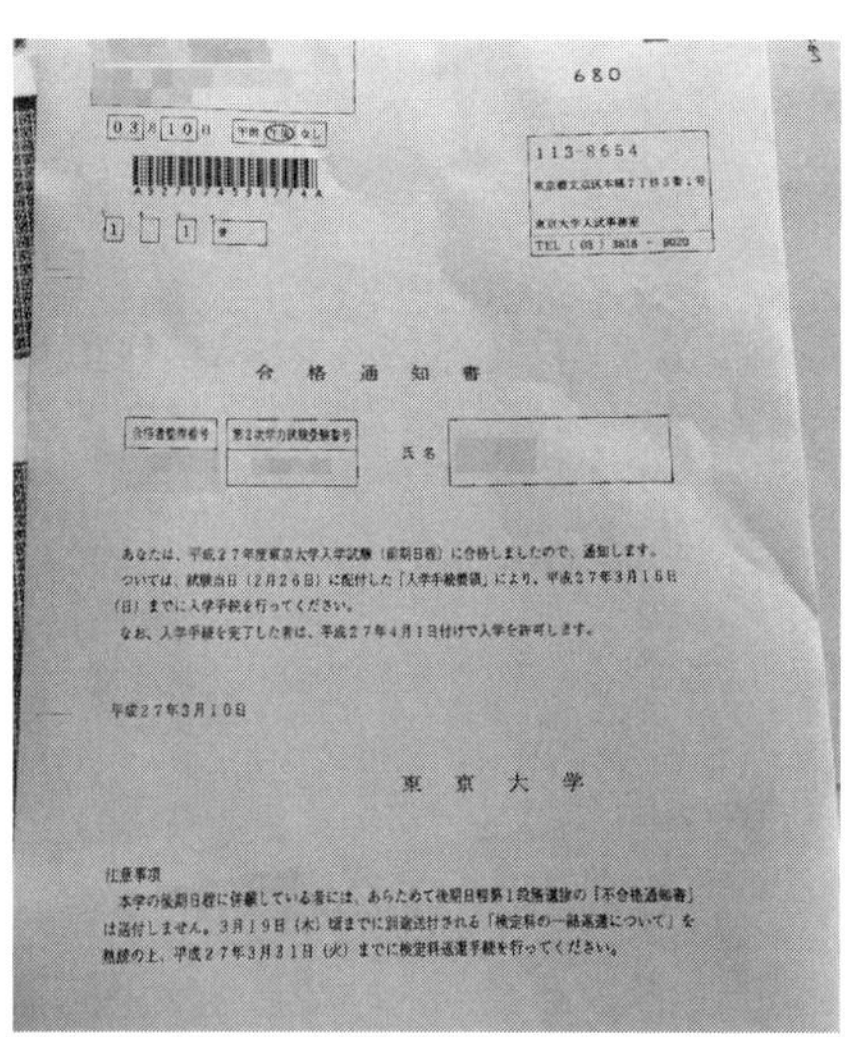

680

113-8654
東京都文京区本郷７丁目３番１号
東京大学入試事務室
TEL（03）3818－9020

合　格　通　知　書

合格者整理番号　第２次学力試験受験番号　氏名

あなたは、平成２７年度東京大学入学試験（前期日程）に合格しましたので、通知します。

ついては、試験当日（２月２６日）に配付した「入学手続要領」により、平成２７年３月１５日（日）までに入学手続を行ってください。

なお、入学手続を完了した者は、平成２７年４月１日付けで入学を許可します。

平成２７年３月１０日

東　京　大　学

注意事項

本学の後期日程に併願している者には、あらためて後期日程第１段階選抜の「不合格通知書」は送付しません。３月１９日（木）頃までに別途送付される「検定料の一部返還について」を熟読の上、平成２７年３月３１日（火）までに検定料返還手続を行ってください。

図：東京大学医学部医学科・慶應大学医学部医学科ダブル合格の合格報告事例

慶應大学
医学部合格

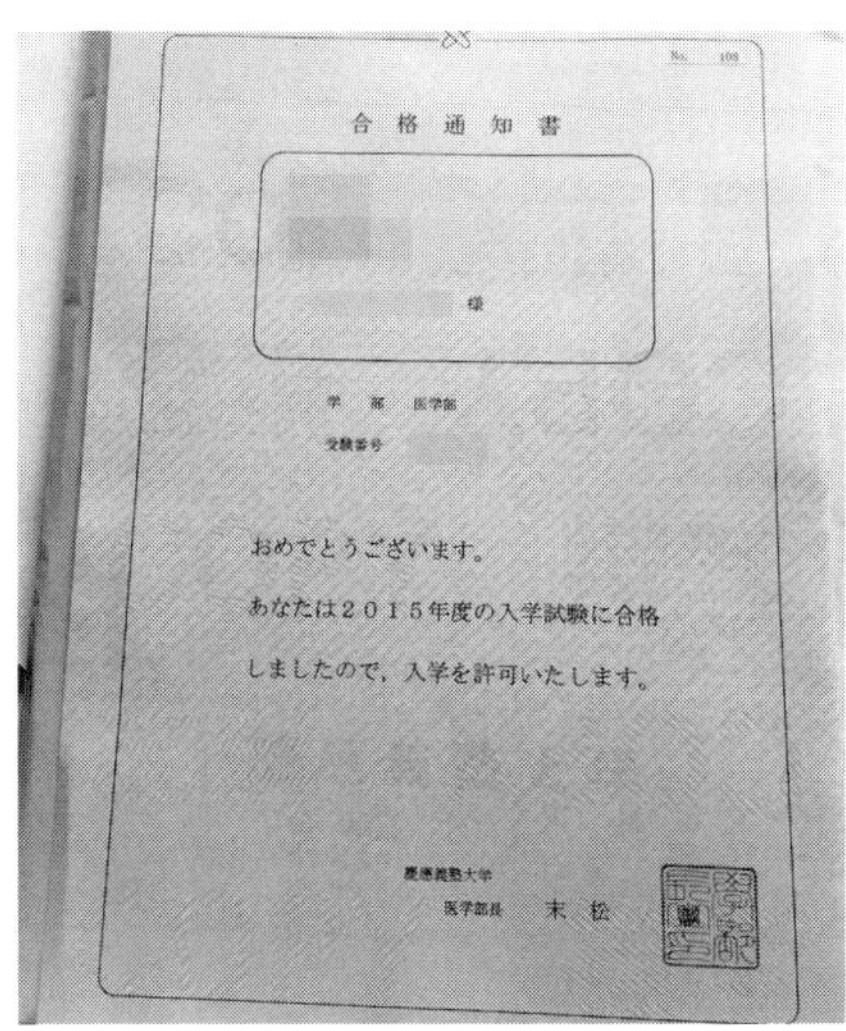

合格通知書

様

学部　医学部

受験番号

おめでとうございます。

あなたは２０１５年度の入学試験に合格しましたので、入学を許可いたします。

慶應義塾大学

医学部長　末松

＊もくじ＊

はじめに

第一章　解決策としての『論証モデル』

第二章　論理の問題を数理として解く『論理式解法』

第三章　～その場逃れの解答を防ぐ～論理式を用いた説明問題解法

第四章　～その場逃れの解答を防ぐ～論理式を用いた要約問題解法

第八章　課題文の内容を論理的な図式化で理解する

最後に

はじめに

『小論文全国模試3年連続全国1位』の報告を受ける小論文指導

わが国の小論文指導は、多くの問題を抱えています。筑波大学の名誉教授である沢田教授は、『論文のレトリック』（講談社学術文庫）という書籍の中で、市販の小論文の書籍の約95％の内容は不適切な内容であるとの趣旨の言葉を述べています。カンタンに言い換えれば、ほとんどの小論文指導は点数が下がるということです。さらに同教授は、「本当は99％がダメと言いたい」との趣旨の言葉を同著で述べています。妥当な本が一冊も無かったということです。

一方で、大学受験対策塾を運営する当塾では、全国模試で全国10位以内の報告を多数いただいています。大学院も例外ではありません。旧帝大法科大学院次席合格、東大合格、京都大学合格、小論文全国模試1位3年連続の報告、偏差値87・9、偏差値20台から、約半年程度で慶應法学部合格、全国1万人中10位、などの報告をいただいています。このように、本書でご紹介する小論文指導の特徴は、全受験生の中でトップ1％〜トップ0・1％の成績を実現しているということです。

本書の著者である牛山は日本一小論文の配点比率が大きい大学である慶應義塾大学ＳＦＣに、一発で総合政策学部・環境情報学部にダブル合格し、大学院では、東大卒・東大院卒・東大博士課程修了者、京大卒、国立大学卒の医師が多数在籍するクラスで成績優秀者となり、ＭＢＡを取得しています。そして、大学院博士課程の受験においては、２時間で６千字書かなければならない小論文試験で約９割の点数を取得して合格しています。

なぜ筑波大学の名誉教授は、現在一般的に行われている小論文指導について、『不合格になりやすい落ちる小論文指導』という趣旨の発言をされているのでしょうか。

なぜ私が指導する小論文（全国の学校法人様で、継続的な指導実績あり）は、このように『上位１％～上位０・１％の成績取得まで、ダントツ化する小論文指導』なのでしょうか。

このような事情が起こる理由を詳しくご説明しましょう。

第一の問題：学術的規範が不在の小論文指導

わが国の小論文指導教育における最大の問題点は、論文執筆に関する規範を大幅に無視した指導が多いことです。そのため、小論文を学ぶ本を読んでも大きく点数を下げてしまう人が少なくありません。

筑波大学の名誉教授である沢田教授は、『論文のレトリック』（講談社学術文庫）という書籍の中で、「構文あてはめ型の小論文指導」を痛烈に批判しています。特定の構文に文章を流し込み、なんとか文字数を稼ぐという作文法は、このように大学教授によって否定されています。

立教大学の石川教授は、『「いい文章」ってなんだ？ 入試作文・小論文の歴史』（ちくま書房）という書籍の中で、沢田教授と同様に、多くの教員は皆辟易としているという旨の意見を展開しています。何らかの構文に文章を流し込み、特定の便法でごまかす小論文執筆スタイルを痛烈に彼は批判しています。

佐賀大学の板橋教授は、『現役国立大学准教授がそっと教えるAO・推薦入試 面接・小論文対策の極意』（エール出版社）という書籍の中で、近年の学生が自分の頭で考えずに、構文に模範解答を当てはめるような問題の解き方をしていることを強く批判しています。

これらの大学教員が強く批判しているのは、本来自分の頭で考えることを強く推奨する科目であるはずの小論文試験において、少しも自分の頭を働かせずに機械的に対処することで試験をすり抜けようとする姿勢、「その時に生まれるレベルの低い文章」です。

それでは、どのように取り組めば、小論文試験は点数が高くなるのでしょうか。

第二の問題：信頼できる考察プロセス（問題の解法）不在の場当たり的指導

小論文をどのように解けばいいのかという問いは、どのように考えればいいのかという問題です。なぜならば、小論文試験は知識を書く試験ではなく、考えた内容を書く試験だからです。

ところが、従来の小論文指導は、ここまでにご紹介したいわゆる「構文あてはめ型」の指導であり、実質的な便法指導です。例えば、「確かに〜しかし」と書けば点数が上がると指導する場合や、原因を書いた後に、対策案を書けば点数が高いと指導するのはこのケースと言えるでしょう。

このような指導の問題点は、考察方法を教えているのではなく、「書く順番」と「書く内容」を教えているにすぎない点です。このようなやり方では、生徒は論理的に物事を考えるというプロセスそのものに対する知識が欠落してしまいます。問題は、単に論理思考を教えないということではありません。ここまでにご紹介した「便法」や「構文」は、原則として、論理思考の末に生まれた論考を記述するという本来の在り方に反するやり方であることです。つまり、手っ取り早い合格方法として、巷で流行ってしまっている小論文対策のやり方は、点数が取れないばかりか、合格しにくく、一生学生から思考力を奪うような問題を抱えていると言えます。

第三の問題：「論証モデル」不在の小論文指導

「論証モデル」とは、論理的に何かを証明する際の仕組みのことです。あなたが書く小論文の点数が高いか低いかを決定づける要因に「論証モデル」があります。脆弱な論証モデルを使用すれば、説得力はおのずと無くなります。一方で、強力な論証モデルを使用すれば、説得力は自然と高まります。

従って、小論文試験で点数を取るためには、論証モデルについての理解が不可欠と言えます。例えば、よくある論証に関する勘違いの一つに、具体例を書けば点数が高いというものがあります。この論証モデルを図式化すると次のようになります。

脆弱な論証モデル（良くない例）の図

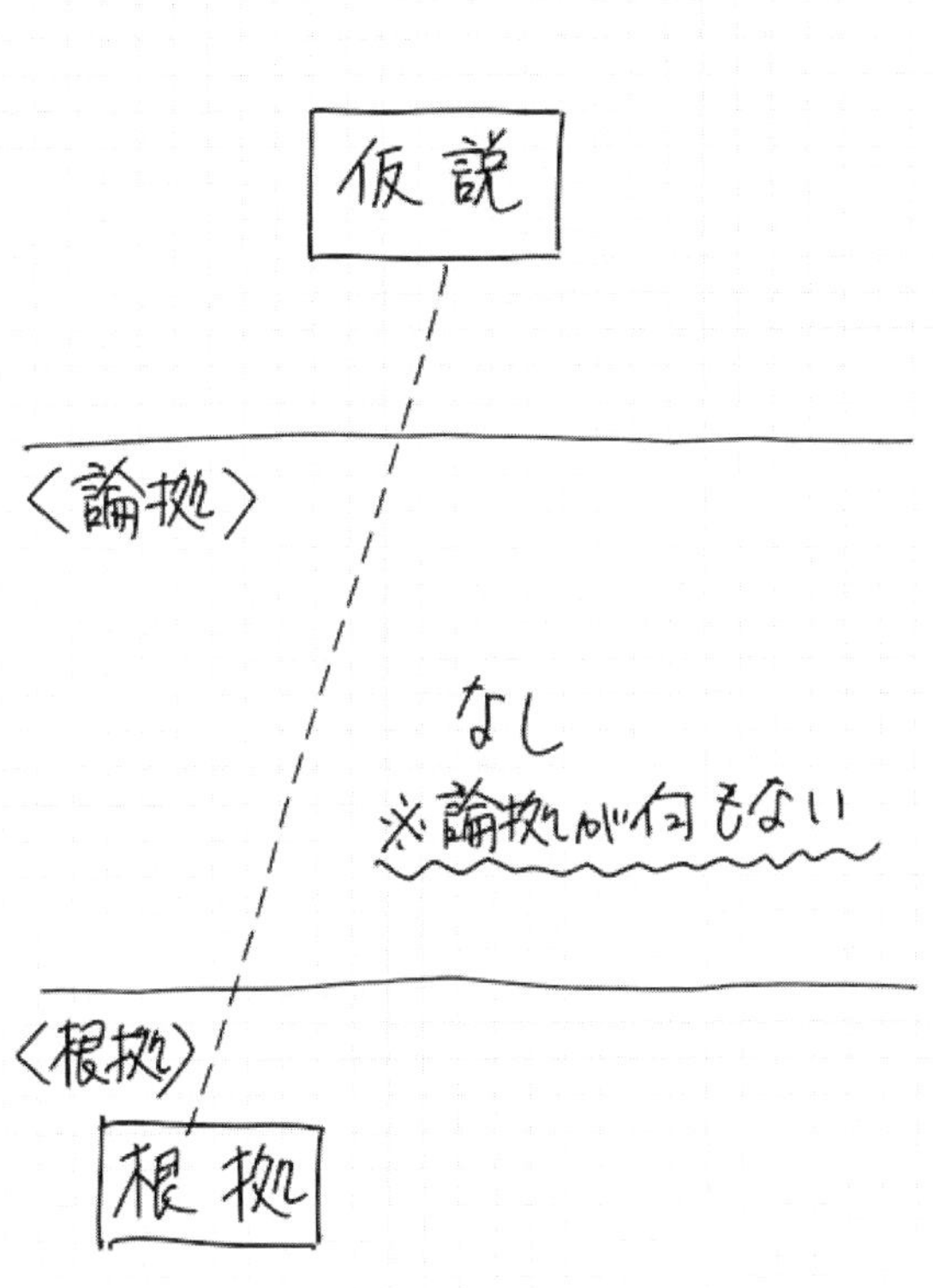

「小論文には具体例を書けばよい」という指導はよく見受けられます。しかし、本当でしょうか。例えば次の文章を読んでみてください。

（良くない例） 牛山は女性にモテモテだと思う。なぜなら、具体的に言えば、今朝牛山がコンビニに出かけたところ、ある女性が牛山のことをチラチラしつこく見てきたからである。このような熱い視線は、きっと牛山が気になるからであり、つまり牛山はとても女性にモテるということなのである。

まったく説得力がない文章だったはずです。なぜまったく説得力がないのでしょうか。その理由は論証モデルにあります。自分の仮説に適合的な「具体例」を紹介したところで、その事例は単発の事例にすぎません。また、ここでは「牛山をチラ見した」という事実が仮説との論理的連関という観点から非常に仮説を支える力が弱いと言えます。簡単に言えば、「あまり関係のない話」ということです。チラ見したからといって、魅力的に感じているとは限りません。単に嫌な感じだと思ったので、見たのかもしれません。また、単に変な人だと思ってジロジロ女性は牛山を見たのかもしれません。

このように、あなたが知っている論証モデルの質やレベル次第で、あなたが書く小論文の評価は大きく変わってきます。

世の中の文章は高度な論証モデルが実装されているわけではない

大学入試で出題される課題文や、世の中に出回る学術ジャーナルに掲載される論文、高名な学者による著作物を含めて、すべての文章は、すべてが高度な論証モデルによって、論理的に文章内容や考察内容が補強されているわけではありません。

無論、だからといって、それらの文章の考察内容が妥当ではないとは限りません。また、あなたが考える内容の質が低いとも限りません。

ところが、論証モデル不在の議論や、質の低い論証モデルによる考察や議論が世間で繰り返されると、「まったくかみ合わない議論」や、結果として論点のずれた考察や意見が氾濫するようになります。

言うまでもなくこのような状況は社会にとっても、学問にとっても有益とは言えないでしょう。ある東工大の名誉教授の先生は、単にジャーナルに論文をパスさせるだけの姑息な学問のやり方について、『学問の堕落だと思います。』と述べました。論証モデルを考察することは、小論文で点数を取ることだけについて有益なわけではありません。学問的な見地から言っても、極めて大きな価値があることです。

論文に求められる要件とは？

大学受験生にしてみれば、何が評価されて、何が評価されないのかは重要な問題です。しかし、この極めて重要な問いに真正面から向かい合った小論文の書籍は未だ出版されていません。恣意的かつ場当たり的な小論文指導がはびこっているのが現状です。

いくつか箇条書きで、論文に求められる要件を列挙してみましょう。

【論文に求められる要件】

・「全体をまとめているしっかりとした論理構成が必要である。」石井（1981）

・「論文とは著者の主観的な主張を述べたものではない」「著者の提案する仮説・事実から……論理的、理論的に導かれた帰結が書かれている」山崎（2016）

・「論述内容が独善的なものでなく、多くの人が納得する的確な内容」（小林）

・「論文の基本は問題提起・意見提示・理由説明・具体例・結論」（出口）

・「序論で問いかけ、本論で論証し、結論で問いかけに答える」（湯浅）

・「あなたが研究方法を説明しなければ読者は理解できず、論文全体の評価が下がるでしょう。」

,Hilary Glasman-Deal,（2009）

・「次の三段論法が妥当である。［Ⅰ］問題の正確な把握［Ⅱ］態度の決定と理論構成［Ⅲ］結論」（近江）

ここでご紹介している多くの言は、大学教授のものです。

（学術論文の場合の論文指導内容ですが、小論文においても参考になります。あなたの主観的な考えを述べるだけではなく、論文では提示した仮説が論理的に妥当であると考えられる理由を提示・説明しなければ、論文の評価が下がるということです。）

小論文の不安をなくしていきましょう

小論文試験で点数を取るコツは、次の6つです。

【小論文で点数を取るコツ】

［1］規範……論文はそもそもどう書くのかをきちんと学びます。本書で可能です。

［2］点数を取れる人に教えてもらう……思考様式、思考方法、勘所なども含めて、最適化することで技術・技能が理想的に向上します。本書では小論文試験で平均9割の点数を取得してきた牛山が伝授します。

［3］解法の確立……解法テクニックは本来役立たないことが多いのですが、原理に基づけばそうでもありません。どのような原理があるのか、本書で具体的に解説していきます。

［4］解答要素の合理的な盛り込み……小論文試験は試験です。そのため、評価の形式要件が存在し得ると考えましょう。どのような考え方で合理的に解答要素、評価要素を盛り込むことができるのかについては、本書で具体的に事例ごとにご紹介しています。このような書籍は今まではなかったと言っても過言ではありません。

［5］頭の働かせ方……思考方法には様々な種類、方法があります。一度に学ぶことはできませんが、高度な思考方法を学ぶことで、技術を向上させることができます。この反対に、思考方法を伝授せず、頭を使わずに書く方法を推奨する小論文の本もありますが、大変危険と言わざるを得ません。

［6］加速学習……小論文試験の点数は受験会場で問題用紙を開く時に決まるわけではありません。試験会場に向かうまでの頭づくりで勝負は決まっています。試験会場に行った瞬間に勝負はついています。そのため、速読など素早い学習ができるようになっていると、試験対策を有

利に進めることができます。

まとめ

・現行の一般的な小論文指導（市販の書籍・YouTubeの動画・個人ブログ・業者運営のブログなど）は、普遍性のある高得点の小論文指導ができていない。
・多くの大学教授が一般的な「構文あてはめ型」の小論文指導について警鐘を鳴らしている。
・現行の小論文指導の多くは、学術的規範を無視した指導であり、大学で評価されにくい。
・現行の多くの小論文指導は、考察プロセスを指導することができていない。（構文指導で書く順番を指導するのは、ライティングの指導であり、考察プロセスの指導ではないので注意が必要。）
・現行の一般的な小論文指導には、「論証モデル」という概念が欠落しており、不完全な論理思考のプロセスを指導してしまっている。

【要は何なのか】
従来の小論文指導では、あなたは小論文試験で高い点数を取ることが難しい。

【参考文献リスト】

［1］『論文のレトリック』（講談社学術文庫）
［2］『「いい文章」ってなんだ？　入試作文・小論文の歴史』（ちくま書房）
［3］『現役国立大学准教授がそっと教えるＡＯ・推薦入試 面接・小論文対策の極意』（エール出版社）
［4］石井　巌　『「論文試験とその評価」について』１９８１、行動計量学8巻1号 pp. 25
［5］山崎　憲一、萬代　雅希「論文とは」２０１６年9巻4号 p.216 - 221
［6］小林一光『教育論文・研究報告の書き方』（教育出版株式会社）１９９６、p.153
［7］出口　汪、山本久美子『明解　小論文』（水王社）２００３
［8］湯浅俊夫　『書ける！　小論文図解ノート』（マイセレクトー受かるシリーズ）２００５／７／1
［9］Hilary Glasman-Deal,『Science Research Writing』rmperial College Press（２００９）
［10］学術論文の作法［付］小論文・答案の書き方　近江幸治　（成文堂）２０１２／１／１

第一章　解決策としての『論証モデル』

多くの学者が指導する「評価を受ける論文の書き方」―アウトライン編―

小論文指導を取り巻くわが国の問題点は、ここまでにご紹介したように、統一的な小論文指導の指針が存在せず、多様かつ恣意的な指導が場当たり的に行われていることです。この点については、筑波大学の名誉教授である沢田教授が警鐘を鳴らした時代からいくらか時は流れましたが、YouTubeなどの個人メディアが台頭することで状況はむしろ大きく悪化したと言えそうです。

〈不毛な「小論文特別論」〉

小論文の書き方に関する議論については、小論文は、論文とは違うという意見もあるようです。しかし、少なくとも沢田教授や石川教授のご著書からはこのような見解はあまり見受けられません。沢田教授は、その著書の中で、論文指導における本質的な価値（内容）に言及しています。石川教授は、小論文試験にも学術論文と同じように知的作業として学生に期待する内容として、知的な格闘（悪戦苦闘しながらも自分なりの見解に到達すること）を重視しています。また、佐賀大学の板橋教授もその著書の中で、自分で考えることの重要性を説いており、学生に学術論文に準ずる知的作業を期待しています。この意味でも、小論文は論文とは違うのだから、何でも好き勝手に書いてよいという理論は、論理破綻していると言えるでしょう。若い学生の中には、(文章など中身で勝負なのだから、どのように書いてもよい) と根本的な勘違いをしている者もいます。このような根本的な勘違いは、論文執筆はあくまでも精緻な論考の末の執筆作業であるという前提が欠落したところから生まれるようです。好き勝手に書かれた文章には、中身もない、そして評価もされない、評価以前の問題で落第ものだという認識が重要です。論文の基本が押さえられていない文章は、知的に成熟していないばかりか、論理的思考の質も低いと考えられてしまいます。なぜならば、論文の規範は無意味なルールではなく、極めて高い機能性から生まれたルールだからです。私の小論文指導の経験から言えば、論文の規範を無視する若者は、論文の規範がいかに合理的かつ機能的なものなのかについて理解が欠落していることがほとんどでした。問題提起を軽視する人は、自分が書く論文の論点が不明瞭であり、論点がずれており、出題意図も踏まえられていないことに気づいていないことがほとんどです。当然このような文章を解答として書いてしまえば、点数は30点程度になってしまいます。ところが、自分の頭脳に自信がある人(決して小論文の点数と相関があるわけではありません) は、自分の点数が低いわけがないと強く思い込んでおり、ベテランから見て未熟な点が見えないことが少なくありません。博士課程に在籍しても、一流の先生の指導を受ければ、たくさんあらが見つかります。ましてや修士課程や学部を受験する受験生については、言うまでもありません。巷に存在する雑多な小論文解法を適当につまみ食いするような「好き勝手な書き方」は、低い点数へつながる道だと考えましょう。

それでは、学者はどのような論文の書き方を推奨しているのでしょうか。アウトラインについて、様々な意見を見ていきましょう。

・「書誌情報・序論・本論・結論・参考文献一覧が構成要素」石井、2011

・「科学論文の主要部は、およそ序論、方法、結果、議論」の4部構成になっているのが普通です。上出、2014

・「論文は表題紙、はしがき、目次、序章、本体（本論）、結論などから構成されるのがふつうである。」はしがき……論文の紹介、どういうきっかけで論文を書くのか（中略）などを記す。小林、1996

・「Ⅰ背景、Ⅱ研究目的、Ⅲ主な研究手段／技術、Ⅳ主な結果・仮説、Ⅴ結論」ネル・L・ケネディ、2001

・「序論・本論・結論」大迫ら、2016

〈アウトラインのパーツの中で最も重要なものとは？〉

論文の書き方に関する先人の知恵・見識をここではご紹介しました。恣意的な執筆論に振り回されることなく、本質を見極め、評価される論文の書き方を学びましょう。それでは、ここにご紹介したアウトラインの材料の中で何が一番大事なのでしょうか。

誤解を恐れずに言えば、その最も重要な要素とは、序論であると言えるでしょう。なぜならば、この序論は、筑波大学の沢口教授が述べるように、問いを書く段落だからです。それでは、なぜ問いが大事なのでしょうか。論文とは問いが無ければ書けないものだからです。論文の中で問いが最も重要です。この点については、ピンとこない人が多いようなので、ある文章を引用します。

………引用開始………

大学で小論文やレポートが課される理由

■高校までの「学習」

・これまで人類が獲得してきた知の基礎基本を習得

・評価は習得状況を測るテスト

■大学での「学問」
・これまでの人類知にはないことを問う
・評価は自らの考えを表明するレポート・小論文

『プロジェクトとしての論文執筆』より引用p.2

………引用終了………

この書籍でも紹介されているように、大学は学習をするところではなく、学問をするところです。学問とは、問いを学ぶということです。あなたが研究をするということは、先人の書いた論文を読み、問いを精査し、そしてあなたが自分自身に問いかけ、自問自答し、自分の論考を完成させるということです。この時に、あなたが独自に調べた内容や研究内容を論文にまとめることになります。その上で、論文は世界のジャーナル（学術誌）に投稿し、知を世界中で共有することにより、一つの成果を得ます。このように、論文とは、報告を主とした性格を有する文章であるため、統一的なフォーマットや機能的な論理構成が求められます。論文を好き勝手に書けば評価が下がり、あなたの知性が疑われる理由の一つはここにあります。

また、北海学園大学の鈴木教授はその著書『論理的思考の技法Ⅱ』の中で、小論文に関するコラムを掲載し、論じることについて以下のように述べています。

……引用開始……

「Aについて論じる」には、Aを「問題」にすることが必要である。「問題」とは「主題A」についての「問い」であり、主題を問題にするとは、その主題についての「問い」を作ることである。

……引用終了……

簡単に言えば、論じるとは、問いを作ることであるとも言えます。テーマについて好き勝手になんでも作文していくことと、問いを作り、論考することは決定的に違います。テーマについてあれこれ考えているのは、何も論考せずに単に（思った）ことの主観的かつ短絡的な、その場の反応的思考を書き連ねているだけとも言えます。このような単なる「思ったことメモ」は論文とは呼びにくいものです。単に思うだけならば、人間ではない生物も高度ではないにせよ一定程度可能です。一方で、学問的な問いを作り、その問いに関する論考を行い、論点について論理的連関のある情報を集約して、論考の結論を導くことは、知識の集積を可能にし、その作業のための成果物としても価値を有するものです。小論文試験であなたが書く答案は、単なる知識チェックテストではなく、論考が一定の水準でできる知性をあなたが有しているかどうかをチェックされるためのテストだと考えましょう。

〈論点を絞るイメージ・なぜ規範や論文を書くルールが重視評価されるのか？〉

それでは、あなたが書く論文は、常に自分が問いを立てた部分から全く外れてはならないのかと言えば、厳密には答えはノーとなるでしょう。このような一種不毛とも言える議論に決着をつけるには、論文の設計思想を学ぶことが重要です。以下の図は、『Science Research Writing』の引用です。（Hilary Glasman-Deal 著 ,2009）

図：引用『Science Research Writing』

2 *Science Research Writing*

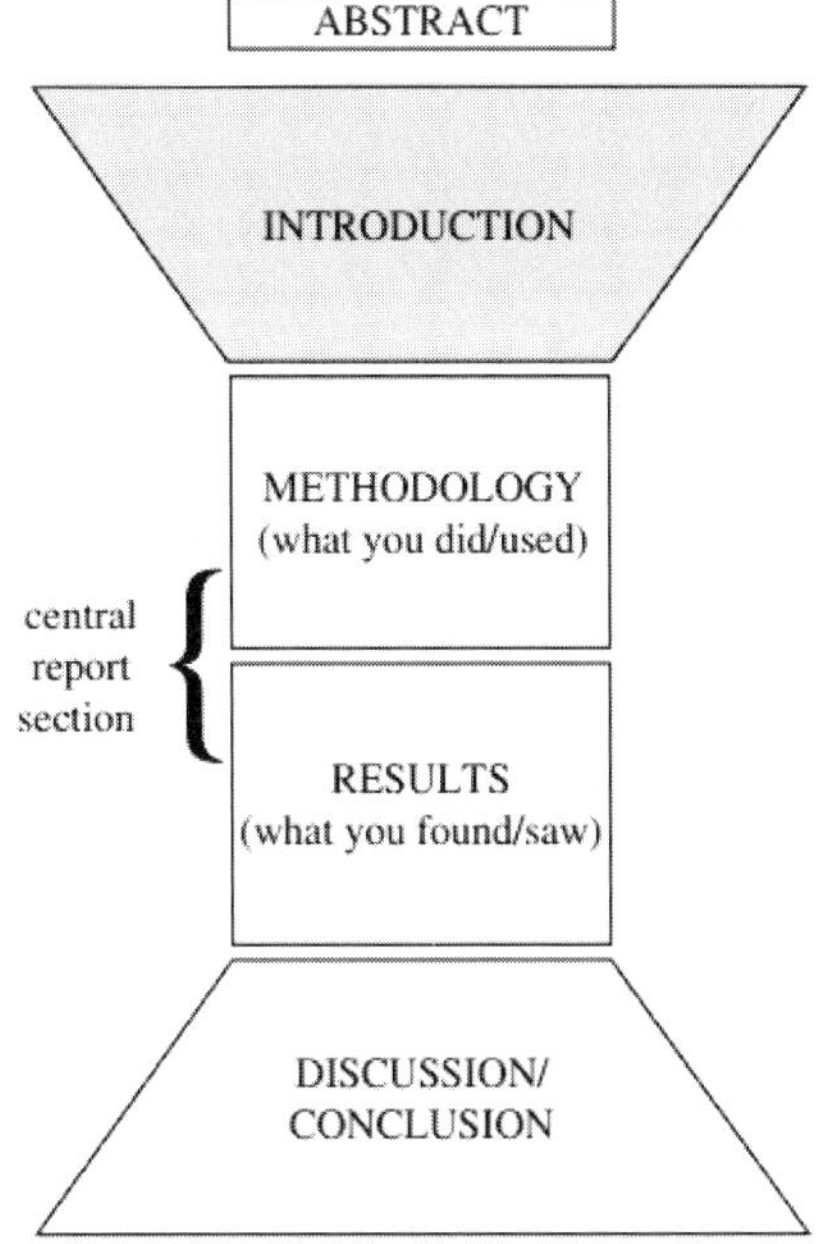

Fig. 1. The shape of a research article or thesis.

著者は世界最高位のインペリアルカレッジ（オックスフォード・ケンブリッジに続く名門校）に勤務し、本書は世界の30以上の大学でコースブックとして使用されています。

本書の中で、著者はこの図を示した上で、この図が左右対称となっていることを指摘します。その上で、導入部とは、反対の作業を、結論部では行う性格が論文にあることを指摘しています。イントロダクションの役割は読者が入ることであり、どこに入るのかと言えば、広範な議論から入り、論点を徐々に絞り、この論文の論点へと入り、その論点で方法論や研究結果を読むという具合に入っていきます。出る時は、議論・結論（研究結果に対する意味付けを含む）へと出ていき、再び、広範な論点へと、広がっていくイメージを大切にします。

このような論文の論点に関する性質はもともと研究論文が研究報告という使命を有しているからであると考えられます。学術研究は自分一人だけの作業として完結するものではなく、先人の優れた功績、実績を活用した上での作業であり、自分の作業は、次の世代の研究へとつながらなくてはなりません。そのため、論文にはおのずと規範が生まれ、しきたり通りに書かない人は、学術の分野では、評価を受けにくい仕組みがあります。「論文などどのように書いても自由だ」、「決まりは嫌いだ」、「評価などされたくない」という駄々っ子のような論理は、学術の世界では通用しません。自分に自信がある優秀な子は、論文指導を受けるプロセスでこのような考えを持つことが多いのですが、結局のところ、そのような考えは、数百年世界で受け継がれている学問的な知的作業に自分がついていく能力が欠如・不足していることを吐露するようなものであり、残念ですが、相手にはされません。

〈パーツのまとめ〉

はしがき≒背景
序章≒序論≒研究目的（研究目的は総論的内容、問いはより詳細な内容）
研究手段・結果≒本論（結果から導かれる客観的かつ論理的結論をその後の「考察」、「議論」などのパーツで扱う）
※論文における「考察」「議論」とは恣意的かつ主観的な意見を披露する場ではなく、研究結果や先行研究を総合的に論考し、その上で、それらの知見・データ・研究結果に対する合理的な「説明可能な論考（理論）」を提示するパーツであり、意見の言いっ放しが許容されるわけではないことに注意が必要です。自説を支える理由（論拠）が重要となります。

中には勘違いをしている人もいますが、社会背景は、学術論文における先行研究の調査などと同じような役割があり、本来「問い」（学術論文ではリサーチクエスチョン）に着地するために書くものです。社会背景は書いているのに、問いがなく、不明瞭な論点について書くというのは、おかしな話です。背景が無く、問いがあるのは構いませんが、背景があり、問いがないのは問題があります。何について書かれた論文なのか、論点を明確化して記述することで、自然と論文の明晰性も上がります。

〈まとめ（論文・小論文のアウトライン）〉

論文は、こう書かなければならないという決まりは無いものの、歴史的、伝統的に守られている構成があります。その構成とは、多くの学者の意見をまとめれば、序論・本論・結論と言えそうです。

序論には問いを書き、本論には、論証プロセス（実証研究においては、実質的に論証プロセスと同じ役割を示す、結果、考察（議論・仮説提示）などを記述する。）を書き、結論には、最終結論を書きましょう。早稲田大学法学研究科長（出版当時）の近江教授は、その著書の中で、「学位論文の構成および執筆手順は一般して仮説の論証でなければならない。」と述べています（2012）。また、同氏は、同著の中で、『序論はどのような問題意識の下に、どのような「仮説」を抱くに至ったのかをまず述べなければならない。』と述べています。

本書の問い：（あなたが志望する大学に合格する際にも重要な）論証モデルの質を限界まで高めるアプローチとはどのようなものか

論証モデルの質によって、あなたが書く小論文の評価が大きく分かれてしまう事情は、ここまででご説明しました。それでは、より良い論証モデルとはどのようなものなのでしょうか。少なくとも私が考える２つの条件は以下のようなものです。

第一条件：推論能力が高まる（頭が良くなる）

第二条件：論証モデルによる論理的整合性のレベルが高い（非論理的ではない）

推論能力が高まる論証モデルについては、後述します。

それでは「論理的整合性のレベルが高い」とはどういうことを指すのでしょうか。以下のようなことを指します。

【文章・考察が論理的になる3条件】

［1］自説の補強だけに留まらず、反論処理が成されている。
［2］反論を踏まえた論理補強をやりやすい
［3］論理の前提となる「価値観」や「重要な事実」、「議論の目的」を考察しやすい。

ここでご紹介した3条件が、論理的な文章につながる理由は、ＭＩＥＣＥ（ミーシー）にあります。ＭＩＥＣＥとは、Mutually Exclusive and Collectively Exhaustive（漏れなく、重複なく）の頭文字を取った略称です（「ロジカルシンキング」、（２００１）、照屋、岡田）。

物事を考察するには、漏れなく、そして重複なく考えなければ、より良い論考にはならないという考えがＭＩＥＣＥです。

例を挙げてみましょう。

〈良くない例〉田中君はモテるに決まっている。なぜならば外見が良いからだ。彼はモデルのような顔立ちをしている。

この文章は論理的でしょうか。いいえ、論理的ではありません。なぜならば、考察に漏れがあると考えられるからです。人がモテるかどうかについての重要判断基準は、（１）外的要因（２）

内的要因（性格の良さなど）（3）背景要因（資産家である、運動神経がよい、人気者である、センスが良いなど、多くの人が好みそうな条件に合致しているかどうか）など、少なくとも重要なポイントがいくつかあります。

ここに取り上げた重要判断基準についてしっかりと多面的に考察することが大切です。

有名な論証モデル1　三段論法

北海学園大学の鈴木教授は、論証について、簡単に言えば、「理由と主張のセットのこと」と述べた上で（『論理的思考の技術Ⅱ』、pp.30、2008）、『3つの文があり、そのうちの二つが前提で、一つの結論が与えられているものを「三段論法（syllogism）」と呼ぶ』と述べています。（同著、pp.30）

〈例〉

人はいつか必ず死ぬ。……前提
牛山は人間である。……前提
従って牛山はいつか必ず死ぬ。……結論

有名な論証モデル2　ピラミッドストラクチャー

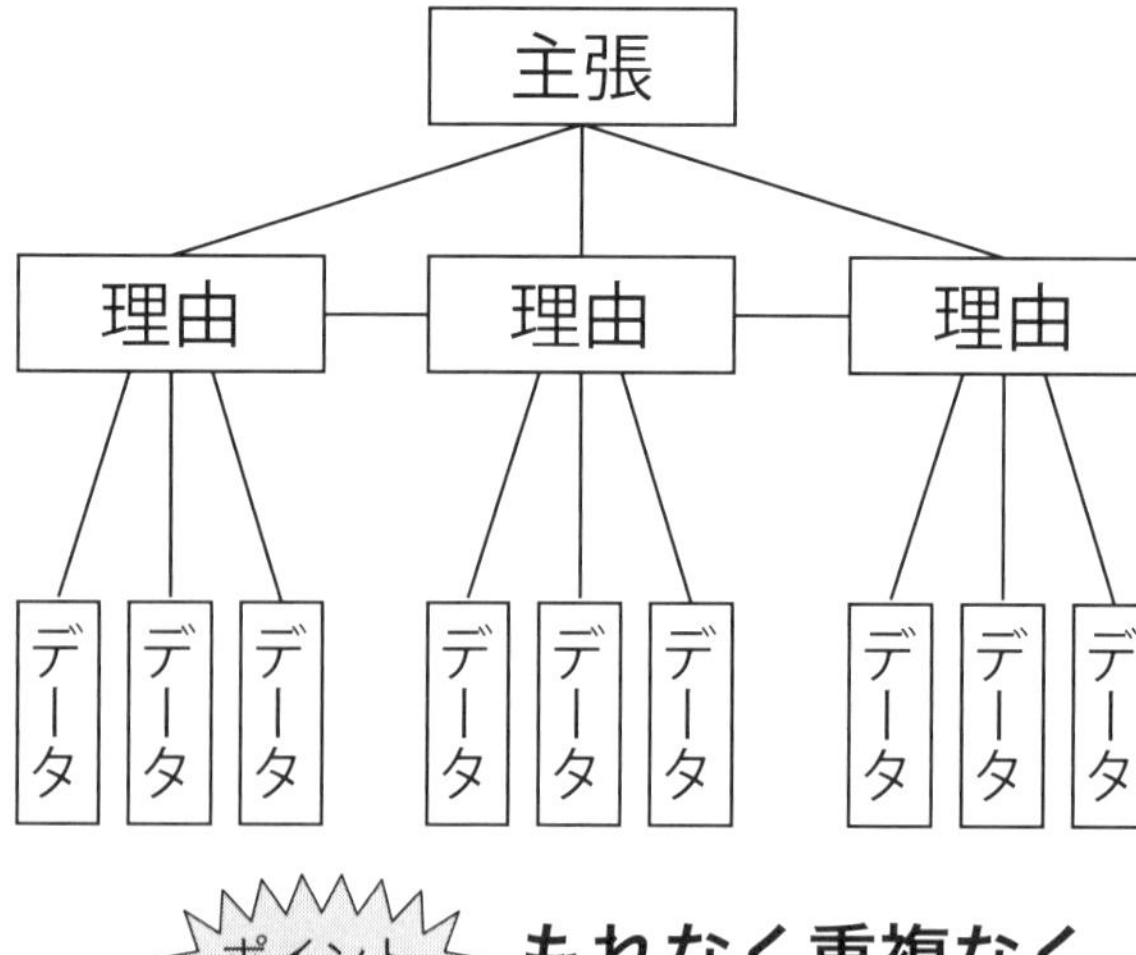

考察対象を論理的に分解し、論理的にまとめることで、ある命題（考察する論点）について、より説得的な考えを提示するのがピラミッドストラクチャーです。

このピラミッドストラクチャーは次の図のように、根拠ではなく、論拠で仮説を支えるため、論証の力が強くなります。

論拠と根拠の違い

論拠
≒
理由

根拠
≒
データ

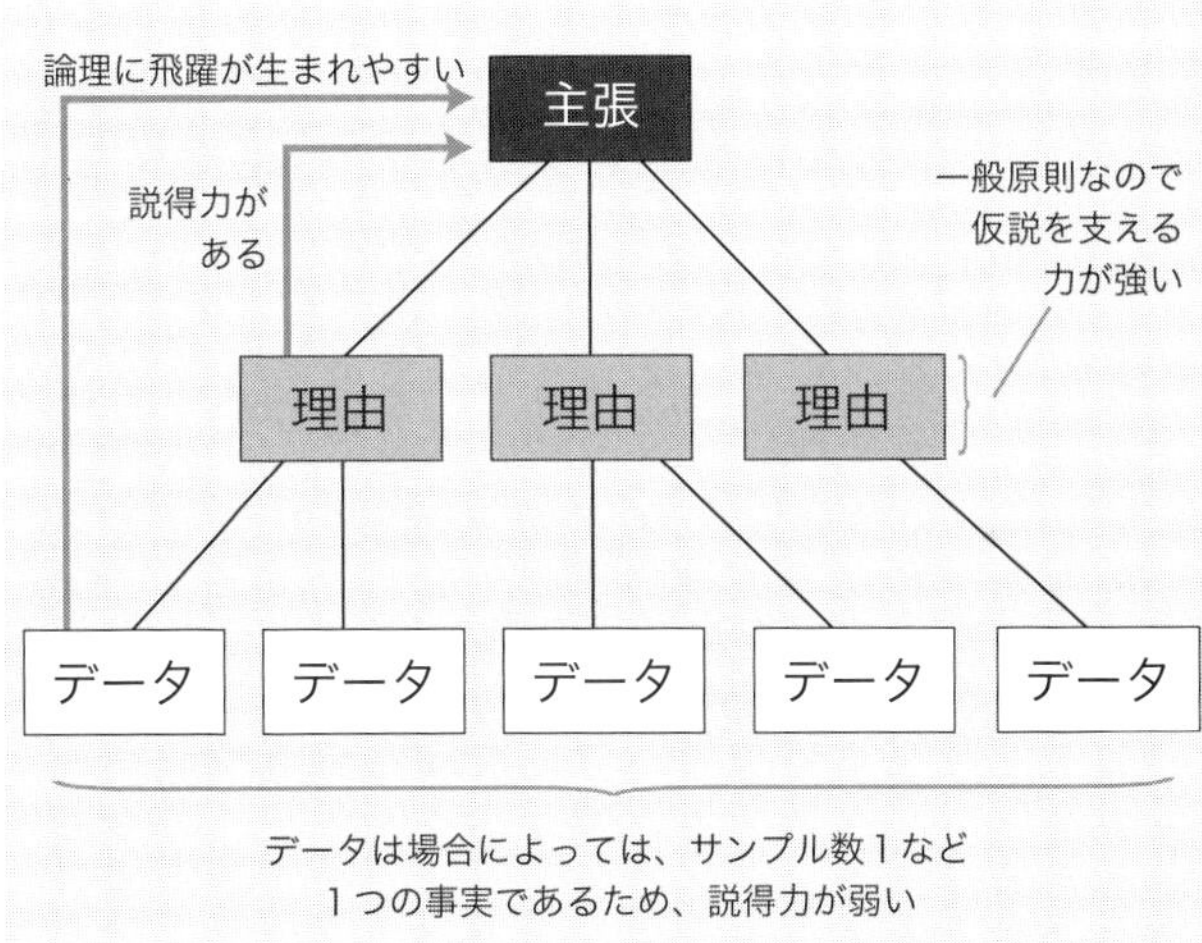

このピラミッドストラクチャーを用いれば、考察対象に対してある程度もれなく考察することができ、場当たり的な恣意的な意思決定を防ぎやすいというメリットがあります。

また、一度ピラミッドストラクチャーで考えたものを論証の際に活用することで、一定程度説得的な議論を展開しやすいというメリットもあります。

英語の小論文試験で、There are three reasons.（理由は大きく3つある。）などと書くのが鉄板になっているのも理由は同じです。

有名な論証モデル3　トゥールミンの論証モデル

三段論法の不十分な論証を補う方法として、トゥールミン（以下、かっこ書きの内容につき、一部ウィキペディア引用…ケンブリッジ大学で博士号取得。オックスフォード大学講師、リーズ大学教授、1965年に渡米、南カリフォルニア大学教授）は、新しい論証モデルを提案しました。次の図が彼の提唱する論証モデルです。

図：トゥールミンの論証モデル

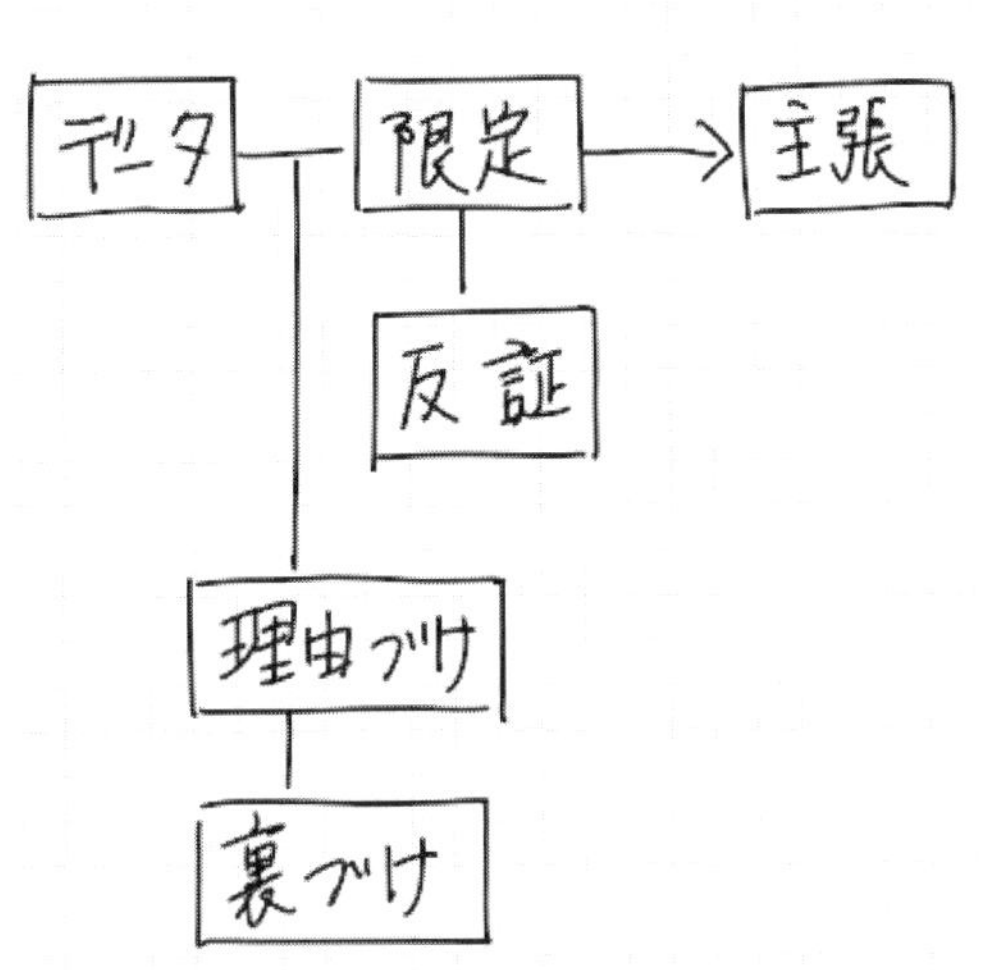

それぞれのパーツを説明します。

【トゥールミンモデルのパーツ説明】

[主張：Claim]……仮説のことです。

[データ：Data]……主張の裏付けとなる根拠、事実、ＦＡＣＴのことです。

[理由付け：Warrant]……論拠、理由のことです。

[裏付け：Backing]……理由の裏付けのことです。

[限定：Qualifier]……たぶん、きっと、おそらく、必ずなど主張の強度のことです。

[反証：Rebuttal]……論拠の保留条件を提示することです。（○○である限りは）

例文で確認してみましょう。

〈例文〉

死刑制度の存置は認められるべきではないと考えられる。（主張）（限定）なぜならば、完全なる司法判断が技術的に可能になるまでは、常に間違いによる死刑執行があり得るからである。（理由付け）（反証）冤罪による死刑執行事件がかつて起こった。（データ）

このような論証モデルをここで確認する意味はどのようなところにあるのでしょうか。ある文章が説得的である、あるいは、論理的であるためには、「論理にもれが少ないこと」、「記述内容に論理的連関があり、意味のある記述内容になっていること」などの条件が必要です。

トゥールミンの論証モデルは、いい加減に書かれた文章に比べて、論理的であり、論理に飛躍が生まれにくいという点で、優れた論証モデルの一つと考えられています。

論証アプローチと論証モデル

論証アプローチとは、何らかの論証を行う際に学術的に取るべき論証プロセスのことを指します。論証アプローチと論証モデルの関係は、論証モデルが巨視的な視点であるのに対して、論証アプローチは微視的な視点であるということです。

和田は「修士論文の書き方」という論文の中で、法学における論証について、どのように論証しても納得感があればよいと断った上で、４類型を提唱しています。（２００２）本書には、大学院受験生も含まれるでしょうから、大学受験生にはあまり関係がないとしても、知っておけば、本書の理解が進むでしょう。

【論証アプローチの4類型】
［1］学説分析アプローチ……先行研究の学説を自説の論拠、根拠とする。
［2］歴史的アプローチ……古い学説の立法趣旨などに言及して論拠、根拠とする。
［3］比較法的アプローチ……他国の成功事例などを論拠、根拠とする。
［4］実証データアプローチ……取得したデータを論拠、根拠とする。

こうやって論証アプローチを眺めればわかることですが、すべての論証アプローチは、結局のところ、自説を支持する論拠と根拠として機能します。そのため、ここまでにご紹介した論証モデルの論証パーツとして、機能するということです。換言すれば、どのような論証アプローチを選択したとしても、論証プロセスと論証モデルが論理的に脆弱であれば、それだけ説得力は下がります。

従来の論証モデルの問題点

ここまでで、いくつかの論証モデルを一緒に確認してきました。ここまでにご紹介してきた論証モデルは優れた点もありますが、問題点もあります。従来の論証モデルの問題点は、以下の点です。

〈従来の論証モデルの問題点〉

［1］自説とは対照的な、反対の立場の意見、論拠、根拠に対して盲目的になりやすい。

［2］論理を考察する上での重要論点について、盲目的になりやすい。

例）例えばいくらラーメン店出店の3C分析を従来の経営学のフレームワークに基づき、ピラミッドストラクチャーで考察しても、コロナ感染症の影響で、売り上げがダウンしやすいなどの重要な前提を考察できなければ、間違った判断に到達しやすい。

［3］議論は、議論の目的によって結論がくるくる変わる性質を有するものの、従来のフレームワークでは、総合的にどのような議論の目的が妥当なのかについて十分に考察しにくい。

［4］論証モデルを活用する多くの人、議論に参加する多くの人が、その論点について、推論能力、議論能力が向上するような仕組みが無い。（議論内容の可視化が効果的に行われにくい。）

［5］4の理由の結果として、複数名で議論を行った場合でも、議論の内容が上滑りしやすい。

従来の論証モデルの解決策と準実験による効果の検証

論理的思考力を養成する無料クラウドソフト「構造議論チャート」

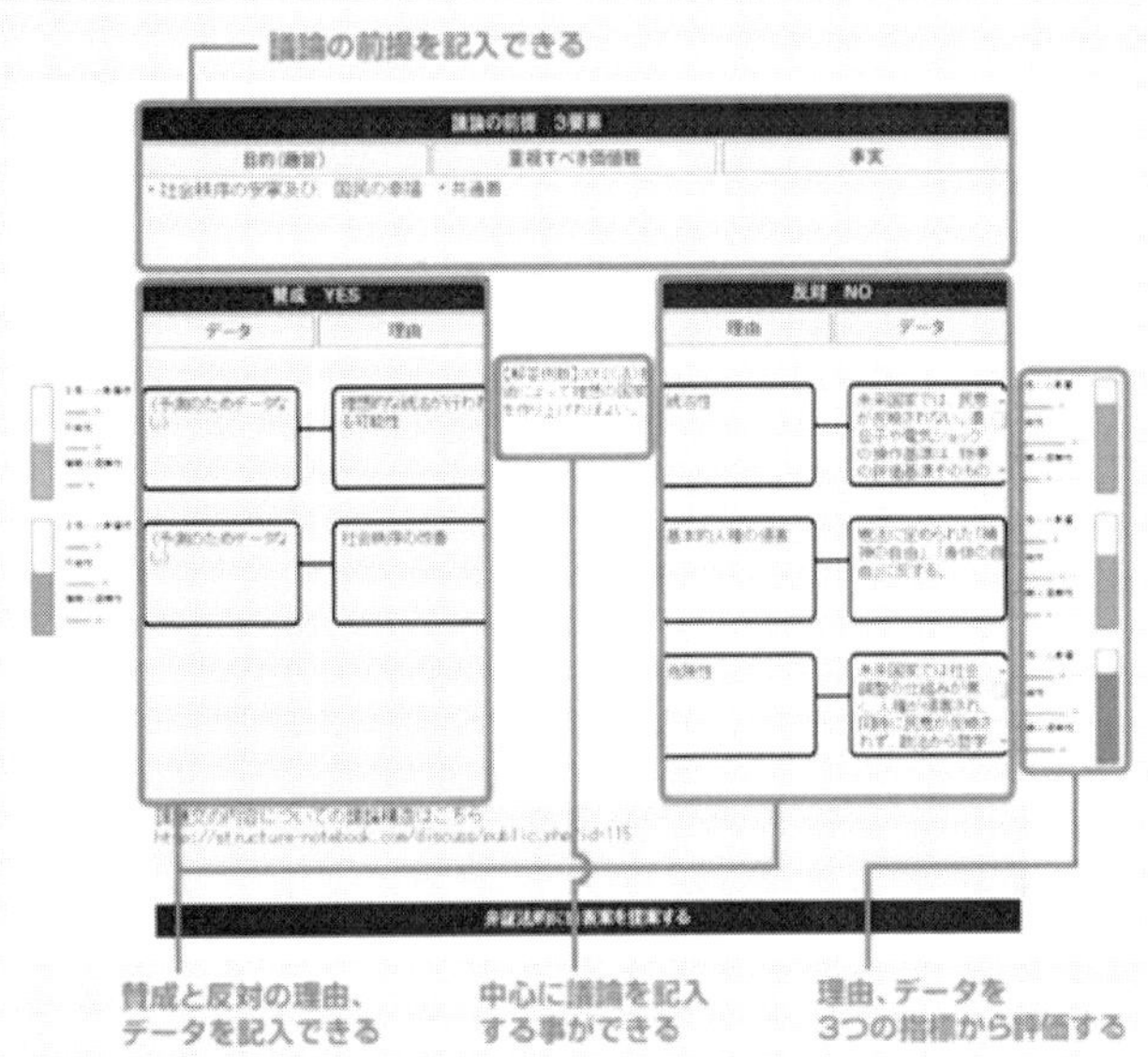

図：構造議論チャート（ソフトウェア名称）

オンラインで無料開放しているため、誰でも利用が可能。

従来の論証モデルについて、問題があると考えた本書の著者は、議論のソフトウェアを開発し、被験者を集めて、新しい議論モデル、論証モデルの効果を検証しました。

用意したソフトウェアは、オンライン上で動く「構造議論チャート」というソフトウェアです。このソフトは次のような構成になっています。

ソフトウェア活用者（被験者）の推論能力が向上

結論から言えば、このソフトの利用者は、真偽を判定できる約30の推論課題に対して、ソフトを活用しない人に比べて高い推論能力を示しました。

従って、ここからご紹介するこのソフトウェアの内容をモデル化した論証モデルは、使用者の頭を良くする可能性があります。（推論能力を高めることが期待されます。）

頭が良くなる「牛山の４本線解法（新論証モデル：Ushiyama Model, 略してUM)」で東大法学部ディスカッション問題・慶應法学部小論文問題に取り組む

従来の行き当たりばったりの思考法や、その場しのぎの小論文解法、論文の規範や高度な思考術からも外れた単なる小論文の構文指導（何かの順番にあてはめて書く原因論法や、単純な便法を活用するもの）では、高度な問題に対応できません。また、そのような指導の結果生まれる考察は妥当性が低いだけではなく、議論の質も低くなりがちです。この問題を解決するのが、実験手続きでも効果が検証された議論モデルです。ここでは、「牛山の４本線解法」と名付けましょう。

やり方は簡単です。試験会場で頭が良くなった「構造議論チャート」を使用することはできないので、縦に４本、横に４本の線を引いて、議論内容を可視化します。最初に書くのは次のような図です。縦に４本、横に４本の線を引きます。

【４本線解法の図（新しい論証モデル：Ushiyama Model, 略してＵＭ）】

※「牛山の４本線解法」はブログや各種ＳＮＳで紹介していただいて構いません。その際には、必ず出典を明記してください。

	議論の目的	価値観	重要な前提	
データⓐ (バッキング)	理由A		理由D	データⓓ (バッキング)
データⓑ (バッキング)	理由B	AはBである (中心の命題)	理由E	データⓔ (バッキング)
データⓒ (バッキング)	理由C		理由F	データⓕ (バッキング)

図：牛山の４本線解法
（新しい論証モデル…Ushiyama Model, 略してＵＭ）

次に上の図のように、各場所にそれぞれ「主張」、「理由」、「データ」、「議論の目的」、「価値観」、「重要な前提」を書き入れます。

多くの受験生は、小論文を書く時や、ディスカッションで立論する時に、必ずこの「４本線の図」を見るようにしましょう。頭を悩ませるのではなく、この図をまず可能な範囲で埋めることを考えてみましょう。それ以外のことは、書くまでには考えないようにします。そうすると、この４本線の図で論理的に発想しやすくなります。何も書くことができずに困っているという人は、多くのケースで、考えることができていません。この問題を解決するのにも、この４本線の図は役立ちます。この４本線解法（新論証モデル：Ushiyama Model, 略してＵＭ）を用いるようになったら、今度は拙著『小論文の教科書』（エール出版社）を読みましょう。より一層論理的に考える力が上がるでしょう。

〈4本線解法（論証モデル：Ushiyama Model, 略してＵＭ）の各パーツ〉

4本線解法（論証モデル：Ushiyama Model）では、一番上部に、「議論の目的」、「価値観」、「重要な前提」を書き入れいます。この3つの項目は、この内容次第で、議論の内容がクルクル変わる性質を有しています。

もちろん、内容次第で結論が変わるのは、強力な理由があるかないかにもよります。ただ、一般的にこれらの3つの議論の前提は、理由よりも強力に議論の行方を左右する性質を有するため、特に注意が必要です。そのため、議論をモデル化、可視化する際に、極めて重要な意味をこれらの3点は有しています。

―議論の目的―

T. W. クルーシアス、C. E. チャンネルらは、「議論を通して達成できる様々な目標のこと」と、議論の目的を定義しています。慶應義塾大学の創設者である福澤諭吉は、議論の目的を定めないうちは、利害得失について論じてはならないと述べています。このような考えは、議論の目的によって、議論の結論はクルクル変わる仕組みがあるからです。したがって4本線解法では、何を議論の目的に論じるべきなのかを考察し、その内容をメモします。

―価値観―

野内は、著書の『レトリック入門』の中で、通念は概念的前提であり、普段意識に上らないと述べています（２００２）。経済合理性優先の価値観や、道徳優先の価値観、自由や権利を重視する価値観などによって、政治哲学の分野では、意見が分かれることがあります。このように、重視すべき価値観によってクルクルと議論の結論が変わる仕組みを覚えておきましょう。さらに詳しくは、マイケル・サンデル著の『これからの「正義」の話をしよう』がお勧めです。物事の善悪の基準となる通念に関して、野内は不純異性行為を例に挙げて、このような行為は悪いことだという前提で話をしても、その考えが受け入れられるかどうかは、わからないという趣旨のことを著書で述べています。そのため、小論文試験で高い点数を取るためには、読み手の価値観を推し量りながら論じることが重要です。４本線解法では、価値観の部位に、論じる際の価値観を書き入れ、なぜその価値観が妥当なのかをメモしておきましょう。

―重要な前提―

例えば原子力発電所は危険であるという命題がある場合に、「実は過去の原発の事故は、設計上重要なミスがあり、ほとんど人災と呼べるものであった」という事実がある場合と、そうではない場合では、意味合いが変わってきます。人災ならば対処可能性が高いということで、危険性は低くなり、人災ではないなら、地震などでいつでもメルトダウン、危機的な状況が招かれるという意味で危険性は高いと判断されるでしょう。このように、重要な前提となる事実の有無により、結論はクルクル変わります。重要な前提がある場合は、４本線解法の「重要な前提」の部分に記載しましょう。

―バッキングとデータ―

データ、ファクトを書き入れる部位には、トゥールミンがバッキングと名付けた論拠を補強する内容を書き込んでもＯＫです。

―反証と限定が含まれない理由―

トゥールミンモデルでは、「反証」と「限定」が提案されていました。これらの論証パーツは、仮説の蓋然性（可能性と置き換えていただいても差し支えありません）や、主張の強度を変更する役割があります。しかし、そもそも、仮説を導く理由が充実すれば、自然とこれらの要素は変化します。従って論証を吟味するプロセスにおいては、その重要性は低いものとなります。トゥールミンの論証モデルは100％正確な論証を目標に提唱されたものかもしれません。私が本書で提唱する論証モデルは、自説を100％正しいと主張するものではなく、議論の妥当性を読み手に考察させた上で、議論で主張する側も、論文を読む側も、より高い推論能力で、事実を推し量るためのものです。

4本線解法が機能しやすい理由は、精緻な論証、重要な理由の列挙機能にある

最終的な意思決定は、理由の評価によって行います。この4本線解法で説明すれば、賛成側の理由と、反対側の理由を比較して、それぞれを評価し、総合的に軍配があがる方が、妥当な意見ということになります。(例)死刑制度の存置問題について、反対の立場に軍配が上がるのであれば、死刑制度は存置すべきではないということになります。

この4本線解法を論証図で見てみましょう。なぜこの4本線解法が、説得力を有し、論理的なのかは一目でわかるでしょう。

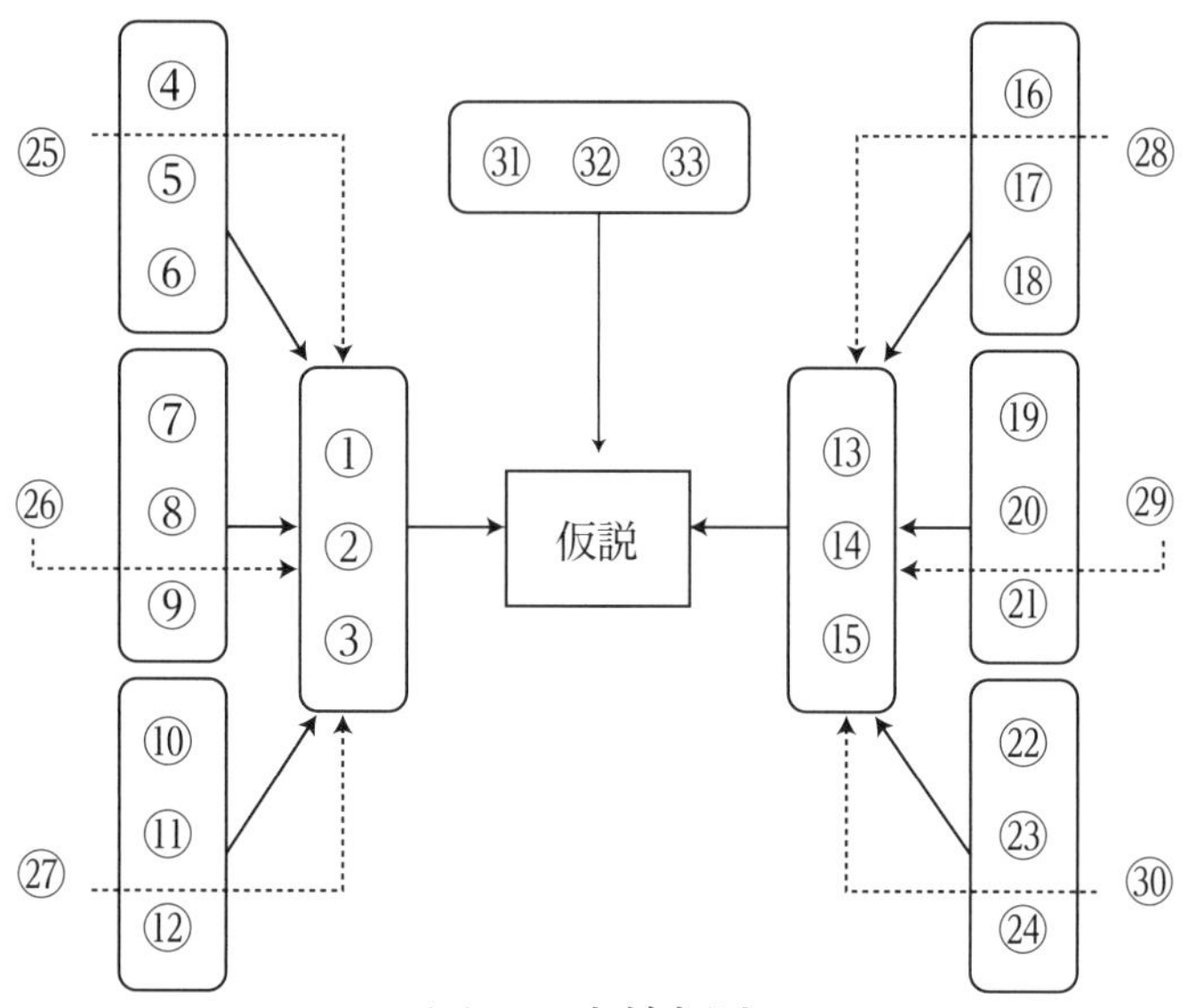

図：4本線解法
（新論証モデル：Ushiyama Model, 略してUM）　論証図

【図の説明】
［論拠］：1．2．3．13．14．15
［データ］：4．5．6．7．8．9．
10．11．12．16．17．18．19．
20．21．22．23．24
［議論の前提］：31（議論の目的）、
32（価値観）、33（重要な前提）
［バッキング］（理由の補強）：25．
26．27．28．29．30

論証の評価方法とは？　理由は多いほうがいいのか？

北海学園大学法学部の鈴木教授は、論証や推論を吟味する方法として、論証図を描き、矢印の部分を吟味する重要性を説いています（２００８）。矢印を引くことができるかどうかが、まずは重要な判断基準となります。その上で、同氏は、論証のポイントとして以下の２点を挙げています。

〈鈴木教授が述べる論証のポイント〉

(1) 論証が妥当
(2) 論証の前提が真

つまり、カンタンに言えば、論理的な連関が強い、あるいは、自明であって、事実（真実）に基づく論証が優れているということです。論証図をもう一度見てみましょう。論理的な連関が薄く、矢印を引くことができない、あるいは、結論との連関がない内容を展開してしまう「小論文の構文」は非力ということになります。また、これらの作業を行う際に、可能な限り漏れが少ないことも重要です。論理は漏れと重複が少なければ少ないほど、優れた内容となる性質がありま す。その意味では、論証の評価方法として次の項目を検討する必要があるでしょう。

(3) 論理に漏れと重複が少ない（十分に議論が考慮されている。）

―私が新論証モデルを提案する別の理由―
文章の書き方、表現と論理構成も連動している

早稲田大学法学研究科長（当時）の近江教授はその著書の中で、表現について、「要は、文章で表現されている内容と論理構成が一読して明白なことである。」と述べています（近江、2011、pp. 46）。つまり、論文における表現というのは、何も難しく見せることではなく、わかりやすいことが大切だということです。その際に、論理構成がわかるように書いていくことが大切です。

同著で同氏は、「論文の中では主観的な形容句や修飾語を使ってはいけない」とも述べています。論文では、自分の主観的な考えを非論理的に連発するのではなく、客観的に誰が見てもわかりやすい明晰性の高い表現で、客観的に妥当だと評価される論考を書くように努めましょう。そのために重要となるのが本書でもご紹介している「4本線解法論証モデル」であり、論理式です。

その理由は、ここまでに研究成果をご紹介しているように、論証は、以下の4点によって評価されることにあります。①各論証パーツの論理関係が妥当であること。②論証の論拠・データが

真、あるいは妥当であること。③議論、論考に論理的な漏れや重複が少ないこと。④論文にあっては、その論理構成が明晰性を有し、内容が妥当であること。

マッキンゼーのボスであった大前研一氏から教わった論理思考─世界一と言われた頭脳集団の思考法とは？─

McKinsey & Companyとは、世界最大のコンサルティングファームであり、かつて世界一の就職人気機関であった企業です。世界トップ500社から戦略立案を請け負い、戦略を提案するのが彼らの仕事です。Harvard大の卒業生でも就職は困難です。博士号取得者が就職するのは当たり前であり、世界一の大学と言われたMITなどの博士課程を出ていても就職は難しい企業です。私大前氏は、マッキンゼーで日本支社長なども務め、スタンフォードで教鞭をとっていました。私は彼に大学院で思考術を学び、MBAを取得し、MBAホルダーとなりました。その経験から言えることの一つは、精緻な論理思考のプロセスでは、理由は60くらいあるのが当たり前だということです。何らかの論点についてリサーチし、何らかの結論が導かれるプロセスにおいては、論理の前提、理由、論拠は、全部でいつも60程度はありました。それらの60程度の前提をグルーピングしていくと、大きく3つ程度の理由となります。人に伝える時には理由は3つになることが多いわけですが、本来無数のデータ、事実に支えられた理由は60個くらいあってもかまいません。

言い換えれば、ここまでの内容を一言で述べるならば、論証できているかどうかを決定づける要因は、「結論を導く前提がどれだけ充実しており、かつ、論理的な連関が強い重要判断基準を見極めた上で、妥当な論考ができているか」に尽きます。

従来の先行研究で提案された論証モデルはどれも優れたものでした。しかし、**「結論を導く前提がどれだけ充実しており、かつ、論理的な連関が強い重要判断基準を見極めた上で、妥当な論考ができているか」**については、十分に解決することができませんでした。この問題は深刻です。なぜならば、法学をはじめとして、あらゆる学問領域、日常の判断、AIを含む工学的な論考に関する解決策の領域では、より一層妥当な推論を導くためのモデルが不在だったからです。人工知能は人間の脳のシナプスを模すことで、加速的に進化しました。人間の脳が高い推論力を発揮できる「新論証モデルの4本線解法」は、工学的な人工知能の推論能力を高める可能性もあります。

私が本書で提案した新論証モデルの4本線解法は、従来の未解決であったこの問題を解決するために提案するものです。

論理的意思決定とは結局のところ重要判断基準の選定であり、論理の評価基準は3つある

ディベートなどでは、双方の議論内容に優劣をつけるために、双方の論拠の妥当性を評価するというやり方があります。この考えは間違いではありませんが、評価基準があれば、より一層このような論拠の評価を合理的に、論理的に行うことができるでしょう。そのポイントとして、牛山モデルでは、次の3つを論拠及び根拠の評価軸として提案します。

頭文字を取って、イパシと覚えてください。小論文の試験中にも適用できる考え方です。

［1］インパクト（論理的連関の強さ）

例）この設計図は危険だから建設すべきではないという場合の危険性の度合いの問題

［2］パーセンテージ（蓋然性）　……どの程度の確率で論拠の内容が妥当か

例）この設計図は危険だから建設すべきではないという場合の危険性の確率的な問題

［3］情報の信頼性　……根拠が事実かどうか

コラム・「研究の限界」

（難しく感じる人は飛ばしましょう。理解できる必要は全くありません。）

果たして人は物事を論理的にどこまでも考えることができるのでしょうか。鉄壁と思われたトゥールミンモデルも結局のところ、理由付けの裏付けを述べるということについて、納得しないなら、さらなる理由を述べようという考え方そのものが相対主義的であるという批判を論理学者から受けています。社会科学の分野では、1800年代にオーギュスト・コントが提唱した実証主義という考え方により、物事の妥当性を検証、論証することに重きが置かれてきました。この考えは妥当であるという命題があるとき、その考えの背景には、これこれよりも、（あれに比べて）妥当であると考える場合、物事を相対化して価値づけを行っていると考えることができます。論理にわずかな飛躍も生まれないように考察を繰り返していく場合、トゥールミンが試みたように、限定という考え方で、主張の強度をコントロールするのもいいでしょう。しかし、いずれにしても、「あれに比べて、妥当である」という考え方が根底にあるのであれば、比較による主張です。統計学で行われる意味付けは帰無仮説という仮説がどの程度の確率で棄却されるのかという数値に対するものです。「5％水準で優位です」などという数学的な検証を繰り返すうちに、私たちはすべての命題に真偽が存在すると錯覚するようになったのかもしれません。言い換えれば、すべての命題は二元論で考えることができるという錯覚を持つようになったということです。

根本的な問題は、物事を比較で論じることが果たして妥当なのかどうかということです。物事をなんでも相対化して考えるやり方は、結局のところいろいろな考え方があり、絶対的な基準は存在しないので、無意味であるという虚無主義的な考え方につながります。さらに、加えて言えば、本来物事が有しているかもしれない二元性や二面性から目を背け、なんでも白黒がつく二元論でしか物事を考えることができない思考を持つ危険性もあります。ロシアの文豪トルストイは、私たちは、社会のあらゆる物事に名前をつけ、観察した上で、現象について論じることはできても、その実態が何かということについては、何もわかっていないと述べています。もし仮にそうであるならば、物事に名前をつけ、その上で論理的に物事を考察しようとする行為自体が、学問の誤謬を含んでいるのかもしれません。宮内は以下のように述べています。

「価値」は本来移動する「視点」ではなく、いつも意思疎通の秩序の根本規範に方向づけられた価値づけの準拠点である。そこで我々は、遠近法のかわりに価値づけの相関性を論ずることになる。価値が相関的であるからといって、かならずしもいわゆる価値相対主義が正しいということにはならない。マンフレート・リーデル（1983）『規範と価値判断』pp. 107

ところが、「ある命題の正当性について、根拠づけを行う際に、その根拠づけの最終項があるのであれば、そのものが根拠づけの原理であり、持たないとすれば、命題は不確かになる」と、マンフレート・リーデルは述べた上で相対主義に関する考え方に疑いを示します（1983）。

倫理学の先行研究では、「善悪を考える際に、悪を質の低い善と考えるやり方は、楽観的に過ぎると述べた上で、むしろ悪は善に対する負の善としての実存性をもつものとして考えなければならないのではないか」という考えがあります（川島ら、１９９８）。私の考えがこれらの先行研究と異なるのは以下のような点です。

つまり、私は自分で提唱しておきながら、その研究成果の限界をここで述べるとするならば、私が提唱した牛山モデルは、学問の誤謬を犯したその典型例と言えるかもしれないということです。その究極の形なのかもしれません。東洋にかつて存在した陰と陽という考え方があるように、物事すべてに原理的に存在する二元性と二面性が、私たちの住む世界の仕組みなのかもしれません。加えて大切なことは、時間の概念であり、その他の、森羅万象の事象の性質との連関と言えるかもしれません。強いものは弱くなり、美しいものも衰えるというように、万物は流転します。もし、物事の性質を俯瞰して、巨視的な視点で見るならば、物事の性質が、二元論的かそうではないかだけではなく、他の事象の性質との連関の中で、物事を判断しなければならないのかもしれません。世界の仕組みを「哲理」で理解しようとする試みは、古典の中に見られます。「統合的に見ることで説明可能性が出る」というのは、私の考えです。科学の分野は、つかみどころのない論理を数理の力を用いることによって、明確化させることで発展してきました。ところが物事の性質になると、数理の力では論証は難しくなります。なぜならば、統計学も確率的な意味づけを現象に与えることによってその真偽を判定するやり方にすぎないからです。論理の延長だけで考えると、世の中の性質について合理的な説明を加えることが非常に難しくなります。この問題を解決するのが複数の性質を物事は本来有するという「哲理」の巨視的な視点です。

従って結論はこのようになると私は考えます。もし「哲理」があるなら、事象に対する合理的な説明は、(厳密な論理を用いずに)可能となります。しかし、無いのかもしれません。その場合は、人は論理的に物事に合理的な（論理的な）説明をどこまでも加えることは難しいでしょう。

このような考えはあくまでも概念的なものであり、論証も検証もできません。しかし、論証だけが学問ではありません。メタ倫理学の分野ではこのような考察がまじめに長年議論されています。この考え方を「学問の誤謬・牛山の原理・哲理不二説」として、同時に、自分の研究の限界として、本書で提唱しておきます。

【参考文献】

[1] 照屋華子、岡田恵子（著）『ロジカル・シンキング』、（東洋経済新報社）
[2] 石井一成（著）「ゼロからわかる大学生のためのレポート・論文の書き方」（ナツメ社）
[3] 上出洋介、『国際誌エディターが教えるアクセプトされる論文の書きかた』２０１４（丸善出版）
[4] 小林一光、『教育論文・研究報告の書き方』、（教育出版）１９９６、pp. 44
[5] ネル・L・ケネディー『アクセプトされる英語医学論文を書こう』２００１、（メジカルビュー社）

［6］大迫ら『プロジェクトとしての論文執筆』２０１６、（関西学院大学出版会）
［7］T．W．クルーシアス、C．E．チャンネル著、『大学で学ぶ議論の技法』（慶應義塾大学出版会）、２００４、pp.3
［8］野内良三、『レトリック入門』２００２、（世界思想社）
［9］鈴木美佐子、『論理的思考の技法Ⅱ』２００８、（法学書院）
［10］Hilary Glasman-Deal (2009) ,Science Research Writing For Non-Native Speakers Of English
［11］近江幸治、『学術論文の作法』、２０１２、（成文堂）
［12］和田宗久、「修士論文の書き方」、２００２
［13］Wikipedia 「スティーヴン・トゥールミン」
URL：http://ja.wikipedia.org/wiki/ スティーヴン・トゥールミン（２０２０年9月30日）
［14］トルストイ、『人生論』、１９７５、（新潮文庫）
［15］宮内、『規範と価値判断』、１９８３、（御茶の水書房）
［16］川島ら『近代倫理思想の世界』、１９９８、（晃洋書房）

第二章　論理の問題を数理として解く『論理式解法』

なぜ論理の問題を数理的に解くことが重要なのか？
―合格できない・しにくい小論文解法普及の社会問題―

従来の一般的な小論文指導の問題点は、過去問題の解説についても、ほとんどいきあたりばったりで、体系的な解法や「信頼できる解法」が無かったことです。

場合によっては、解答例の文章が大量に発注され、いかにも自分が書いた文章であるかのように見せかけてYouTubeなどで問題解説を堂々とする塾などもありました。こうして量産された過去問題解説は、受験生向けに公開され、過去問題の解説があるので大丈夫だと信頼する受験生が、そこに体系的な解法や、信頼できる思考プロセスが無くても、これで受かる可能性があると錯覚させせられるものです。この意味では極めて詐欺的とも表現できる商法なのかもしれませんが、生徒さえ集まれば合格者は出るので、このような詐欺的な過去問題解説業者が、合格者を紹介することで、正しく問題を解いているわけでもなければ、効果的な解法、方法論があるわけでもなく、信頼できる高い考察が模範とされているわけでもないのに、その塾の指導を信用してしまうという勘違いの連鎖が負のサイクルで固定化されるという社会問題がありました。

条件法=論理式による解法でいい加減な解き方を回避

本当に小論文の解答例で、模範解答として紹介されている文章は、点数が高い文章なのでしょうか。多くのケースで「いいえ」と答えざるをえません。

その理由は大きく2つあります。

理由1:点数を取ることができない講師による解答例指導

一つ目の理由は、点数を取ることができない講師によって、小論文の解答例が作成されている点にあります。論文で点数を取ることができることの証明は大きく三つです。第一は、自分の小論文の点数を公開することです。大学院を受験した際に何点取り合格できたのかを公開している講師は、私以外に見たことがありません。私は大学院の成績も間接的に公開しています。成績優秀者となった際の書面を、私は公開しています。二つ目は大学院博士課程で授与される博士号です。博士号は、大学における学位の最高ランクのものであり、かつ、厳しい審査が一般的です。第三の証明は、学術論文への掲載数です。数だけが必ずしも指標ではありませんが、一般的にジャーナルに掲載された論文数が多い人は、それなりに論文執筆能力があるとみなされます。まとめます。

【信頼できる解答例かどうかの三つの指標】

証明１：解答例作成者のフルネーム公開と、点数公開

証明２：博士号の有無

証明３：解答例作成者のジャーナル掲載の数（と質）

理由２：非論理的な解法による解答例の作成

本来、解答例の作成は論理的かつ妥当性が高いものでなければなりません。ところが、現代社会では、小論文の解答例詐欺とも呼べるようないい加減な解答例の羅列で生徒の集客をしてしまう悪質な塾が出てきているようです。

そこで、本書では、あなたがこのようないい加減な解答例によって小論文を学ぶことがないように、論理的かつ妥当な解法を紹介します。その解法とは、「条件法」と呼ばれる方法であり、本書では、論理式と呼称します。以下に『論理的思考の技法Ⅰ』鈴木美佐子著（法学書院）、

２００４年の書籍より、この条件法の考え方をご紹介します。

なお、鈴木先生は、北海学園大学法学部教授です。本書はおそらく極めて例外的に、大学教授ランクの見識・学識がある人物の知見、考えを集めてどのように小論文を書くべきか、考えるべきかを多面的に考察する書籍となっています。

……………引用開始……………

「ならば」を2つの文をある形で結びつけるものとしてのみ考え、その最小の形を考えていくつもりである。簡単に言えば、「事実としてそれが起こっていようといまいと、そうだと仮に考えてみると、こうなる」というような意味で、２つの文を結び付けているものが「ならば」だと理解しておいてほしい。英語の「If……Then～」だと考えてくれればよい。

……………引用終了……………

著者はこのように説明するわけですが、事例を見る方が早いでしょう。

例えば、空は青いという文章を論理式にしてみましょう。

空は青い……**空→（ならば）青い**

文章をこのように変換できます。また、同様に、空を頭文字をとって、Sと表記し、青いを頭文字をとって、Aと表記した場合、次のように論理式を書くこともできます。

S→A

ここまで書くと、非常にシンプルになりましたね。

さらに略して文章の骨子を論理式にすることもできます。

例）1日に10時間勉強すれば、慶應大学に合格できる。（拙著『慶應大学絶対合格法』より）

10h→慶應合格

急いで略して書くなら……

10h→慶

でＯＫです。

例えばこのように記述します。英文を読む際に、主語や述語を探すように読むやり方がありますが、そのようなやり方をイメージしていただいてもかまいません。

なぜこの論理式が役立つのか？

論理式が小論文試験で役立つ理由は、試験のカンタン化にあります。論理式で文章を記述しなおすと、文章が非常に簡単になります。第二の役立つ理由は論理性にあります。論理式を用いて問題を解いていくと、内容に間違いが少なくなります。以下のポイントを学んでおきましょう。

論理式の性質１：論理式は連結できる

有名な三段論法を見てみましょう。

ソクラテスは人間である。

人間はいつか死ぬ。

したがって、ソクラテスはいつか死ぬ。

この内容を、論理式にしてみましょう。

ソ→人
人→死
ソ→死

この三つを連結してみましょう。

ソ→人→死

このように、連結することができます。ソならば死となっていることを確認してください。論理的にも、「ソクラテスはいつか必ず死ぬ」と考えることはできますが、論理式の方がより一層すっきり理解できます。

論理式の性質2：論理式はド・モルガンの法則を適用できる

２０１５年の慶應大学文学部の課題文では、以下のような趣旨の文章が出題されました。

〈牛山による部分的な要約〉

私達のコミュニケーションは推測により成立している。人が何かを伝えようとする時、しばしば比喩的表現が用いられる。これらの表現は理解の助けとなるが、しばしば誤解がつきまとう。この時、人が理解している内容は、実は誤解であることが多い。このように、本来の数学や物理学の言葉のイメージを借用して、本来の言葉の定義とは異なった用法により、言葉が用いられることが一般的である。こうした傾向は、世俗的なレベルでより顕著である。１つの言葉が文脈によって異なった意味を持つわけだが、それを逆手にとって恣意的な言葉遣いをすれば、そこに誤解や歪曲が生じることになるのである。

このような文章が出題されていたわけですが、この文章を理解することに悩んでいた受験生から以下のようなご質問をいただいたことがあります。

Q：厳密な定義の元に、独自の言葉を作ってほしい。と著者は言いたいんだな……

これが科学ということなんだな……

ここが科学ということなんだなってなんでなるのかがわからないです

A：**「厳密な定義の元に、独自の言葉」↓「科学」**

が導かれる理由は、

「科学ではない」↓ならば「非厳密な定義」が主張として展開されているためです。

※科学的ではないダメな思考ならば、非厳密な定義であるという主張。

言い換えると、科学的ではないダメな思考の典型例として、非厳密な定義の文章を挙げることができるというわけです。

このような法則性はド・モルガンの法則ということで数学の時間に学習したのを思い出した人もいるかもしれません。数字が出てくると嫌になるという人もいるかもしれませんが、中学校一年生レベルの数式なので、がんばって見てみましょう。もう少し詳しく説明します。次のような数式があるとします。

1＋X＝2

この数式を用いて、ド・モルガンの法則が成り立っているか確認してみましょう。

〈数学的に重要な考え〉

PならばQが真であるとき、言い換えれば、Qではないならば、Pではないも真となります（傍線部は、PならばQの対偶）。

Xが1→（ならば）2が成立するとき、

「解答が2ではない」→（ならば）「Xが1ではない」

も同時に成立する……ということですね。

なんだか逆にややこしいな……と感じた方は、単にこの論理式は、正しく結論を導けるとだけ理解してくださってもOKです。時々、この論理式の解法で何をやっているのかよくわからないという人がいますので、原理から説明しています。

目の前の山がきれいだ。
目の前の山（ならば）きれいだ。
目の前の山↓きれいである。

※主語と述語の関係を「ならば」で考えることで、論理を数理と同様に扱うことができます。
　従って、次のような文章もまた、右の文章が正しいなら正しいということになります。

きれいではないなら、それは目の前の山のことではない。

もう大丈夫ですね。
同様に考えていきます。

課題文の中に書かれていた命題は、
「科学ではない」↓ならば「非厳密な定義」
これを論理式で表現すると……

「非科学」→「非厳密な定義の文章」

と表現できます。

この命題が成立するとき、対偶も成立します。

（※この命題が真であるとき、対偶の命題も真です。数学で習いましたね。）

対偶の命題は、

「厳密な定義の文章」→「科学」となります。

本問で問われているのは、科学（的な知識）とは何かということであるため、これらの議論の延長線上で、科学（的な知識）を限定的にとらえた論考が求められています。

従って科学のすべて（科学と表現できる事象すべて）について説明するのではなく、課題文から捉えることができる論理関係を記述することが本問の要求。

再度確認すると……

対偶で内容を確認すると……

「厳密な定義の文章」↓「科学」という内容が課題文に書かれている。

この論理式は、厳密な定義の文章による知識の共有が科学だと述べている。

課題文の中で、科学的ではない言葉を使用しているのであれば、厳密な定義ができていないのでダメだという主張が展開されている場合、著者が言いたいのは、次のようなことです。

厳密な定義の言葉を使用すれば、科学的であり、（大変よろしい）

このように、論理式は読解にも使用することができます。

条件法の性質を細かく把握する

論理式のすごいところは、A↓（ならば）Bという論理関係があるとき、このような命題を含む条件文が、何十個出てきても、論理的に連結ができるところです。そのような複雑な事例を確認する前に、まず条件法の基本的な性質をもう一度理解しておきましょう。条件法、つまり論理式の性質は、著者の鈴木氏によれば、以下のようなものです。

図：引用紹介『論理的思考の技法Ⅰ』P104より

①
A→B
A
―――
B

②
A→B
Bでない
―――
Aでない

③
A→B
B→C
―――
A→C

筑波大学の名誉教授が『論文のレトリック』という書籍の中で、多くの出版された小論文の本を批判しました。その理由は、第一に解答例がいきあたりばったりであること、第二に、解答例で埋め尽くされているだけで、解法が示されていないこと、第三にそれらの提示された解法がいい加減であること、第四に、書籍の中で提示されている解法と、解答例の連関が薄いことです。

ここまで本書をお読みいただいて、そろそろお気づきかもしれませんが、本書は、数ある出版されている小論文の書籍の中でも、圧倒的に先行研究に基づいており、確かな情報を伝えています。その上で、筑波大学の名誉教授が指摘したこれらの問題点をクリアしている稀有な書籍です。本書はあなたの合格をより確実にします。本書をお読みの読者の方に対して、オンラインで無料のプレゼントもあるので、楽しみにしておいてください。無料プレゼントの内容は、本書の最後の部分でご紹介します。また、このようなことを書くと、すぐに下衆の勘繰りをする人がいますが、私は仕事でこの本を書いているので、勘違いなさらないようにお願い致します。ボランティア活動ではなく、プロの仕事として執筆しています。

論理式を用いた論証図で、論証プロセスの全体像を把握する

あなたが書く小論文が説得的かどうかは、第一に論証図、論証モデルで決まります。論証図とはこれからこのページでご紹介する論理式を用いた論証プロセスの図式化のことです。言い方を変えれば、帰納法と演繹法によってしか、論理的に何かを論証することはできないと言えます。ただ、この説明ではわかりにくいと思いますので、百聞は一見に如かずです。事例で確認してみましょう。

その前に簡単に論証図のルールだけご紹介します。

【論証図のルール】

［1］一般原則ではない事項や事実は一つ下の段へ↓を引く

［2］いくつかの前提である論拠や一般原則は＋の記号で足すことができる。

※ただし、足すという概念はあくまでも数学的なものではなく、いくつかの前提を同時に考慮することを指すにすぎない。

有名な三段論法を論理式の図で表すと次のようになります。

①ソクラテスは人間である。
②人間はいつか必ず死ぬ。
③従ってソクラテスはいつか必ず死ぬ。

図：三段論法の論証図

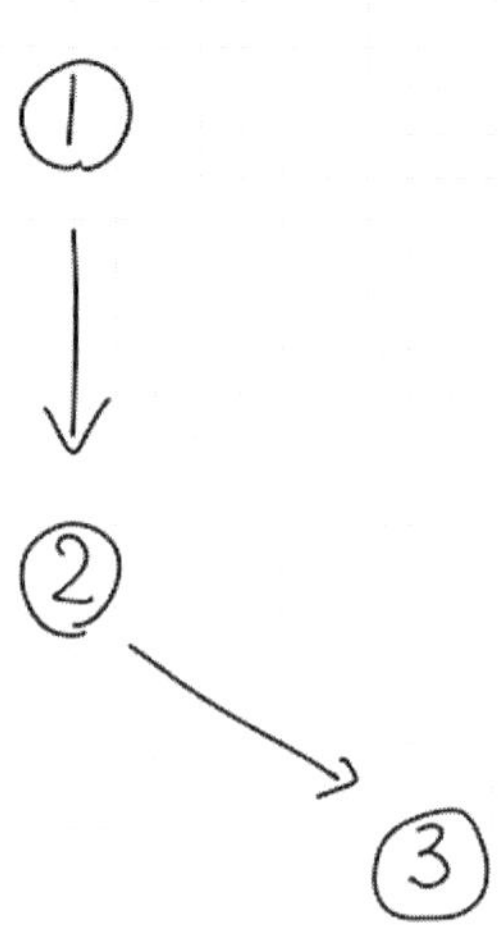

ポイントは、論理の連関が視覚的にわかるということでしょう。

論理式を用いた論証図で有名構文の得点力を評価する

論証図を見れば、一発でその小論文指導がどの程度の得点力を有しているのかがわかります。

〈説得力を高めるポイント〉

ポイントは、自分が提示する仮説がどれだけ多くの論拠によって支えられているかが一点、次に、その論拠がどれだけ多くの事実によって支えられているかです。

有名な構文を1つずつ見ていきましょう。

【確かに～しかし（よくおすすめされる譲歩構文）構文の見える化】

展開の部分で「確かに～」と書き、ここで譲歩しますが、自説の仮説を支えているわけではありません。したがって次のようになります。

【原因→解決策、具体例構文の見える化】

原因を書いて対策案を書く、具体例を書くというのは、論証図に示すと以下のようになるでしょう。①具体例②仮説③原因に対する仮説（主張）

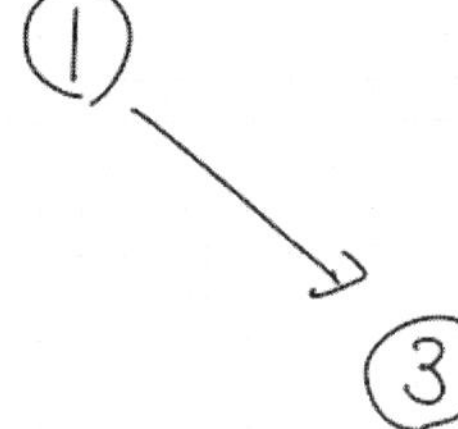

①と②がつながっていないのは、自説の仮説について、適合的な事例を具体例として紹介するためです。この場合、ほとんどこじつけのような言い分となり、説得力がなくなりがちです。

図：「原因→対策案」構文の論証図

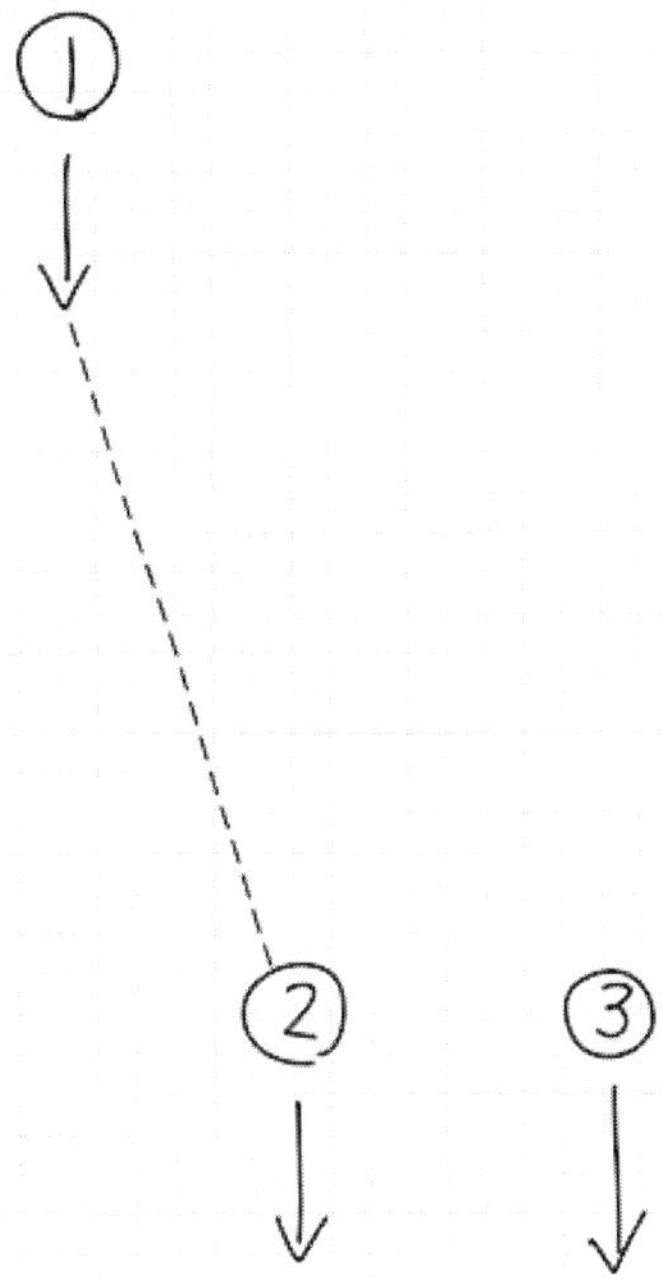

【メリット・デメリット構文の見える化】

メリットを書き、デメリットを書くと、小論文で点数が高いという言い分（理論）があるようです。論証図に落とすと以下のようになります。

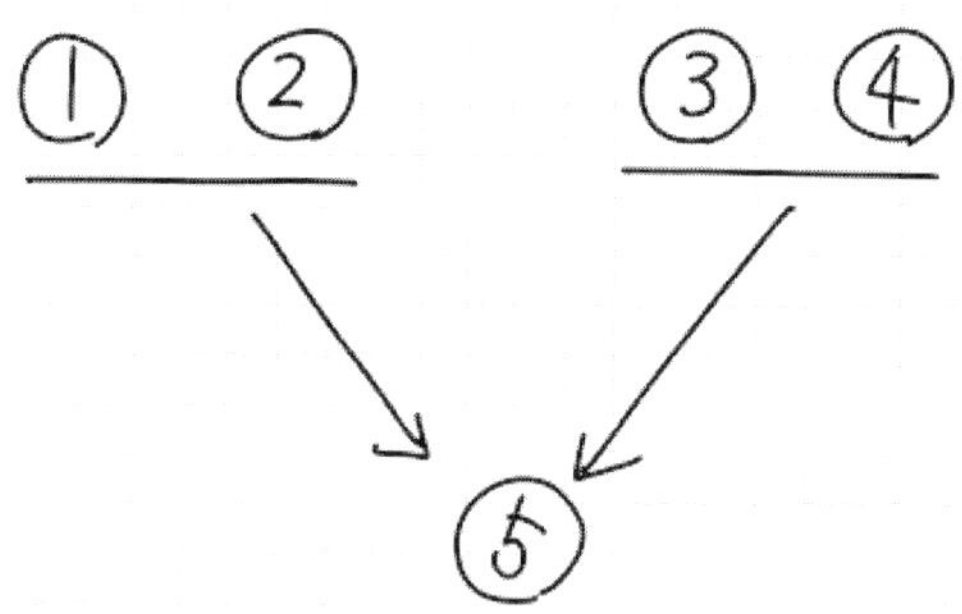

でたらめな構文に比較すると、いくぶんかましのようにも見えますが、メリットやデメリットを述べる論法の場合、功利主義的な価値観からの言説となるため、法学部などの問題には向きません。

【反論の取り扱い構文の見える化】

反論が意見以外のパーツに対するものなのであれば、反駁と言います。（根拠や論拠に対する攻撃の場合）その場合、論証図は以下のようなものになるでしょう。①論拠　②仮説　③反駁　④データ

図：反論の取り扱い構文の論証図

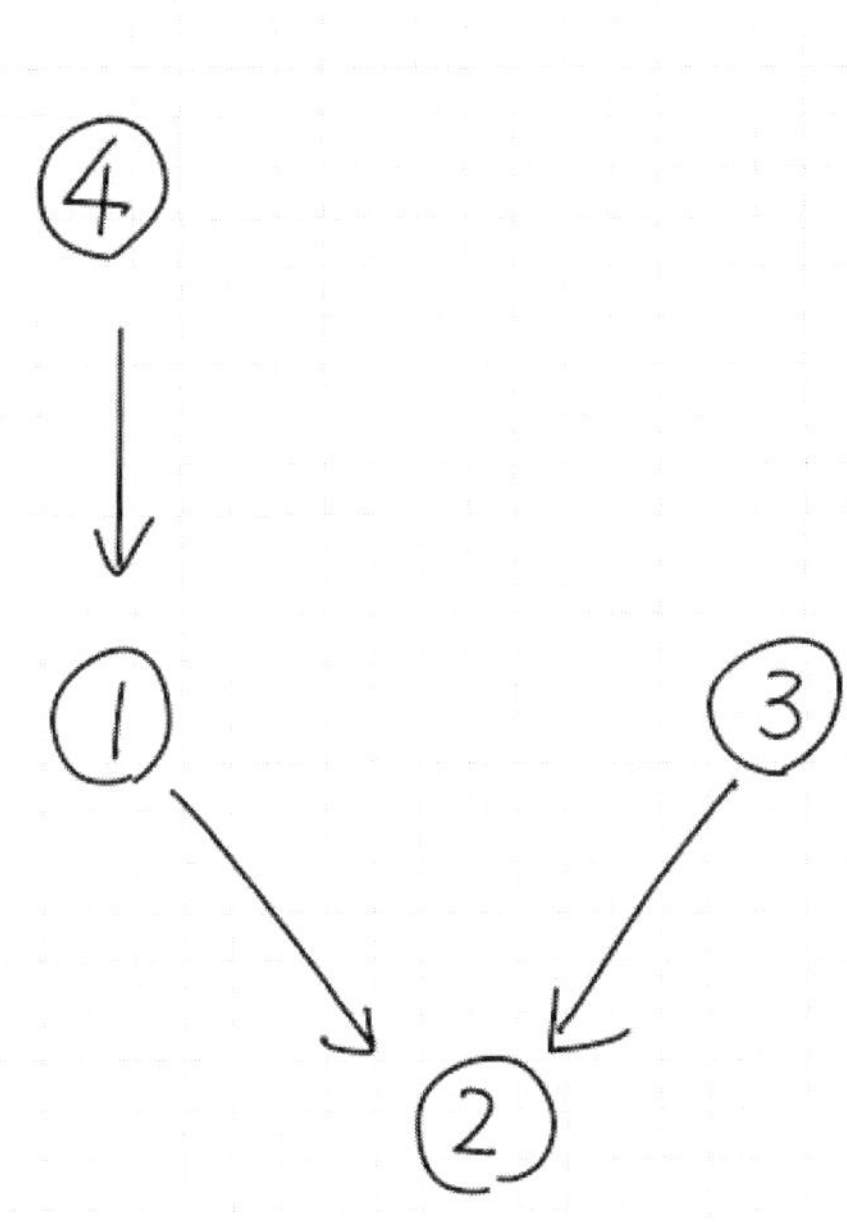

【本書でおすすめする問意理結とピラミッドストラクチャーの見える化】

ピラミッドストラクチャーの論拠を①〜③、データを④〜⑫、仮説を⑬とすると、論証図は以下のようになります。

図：ピラミッドストラクチャーの論証図

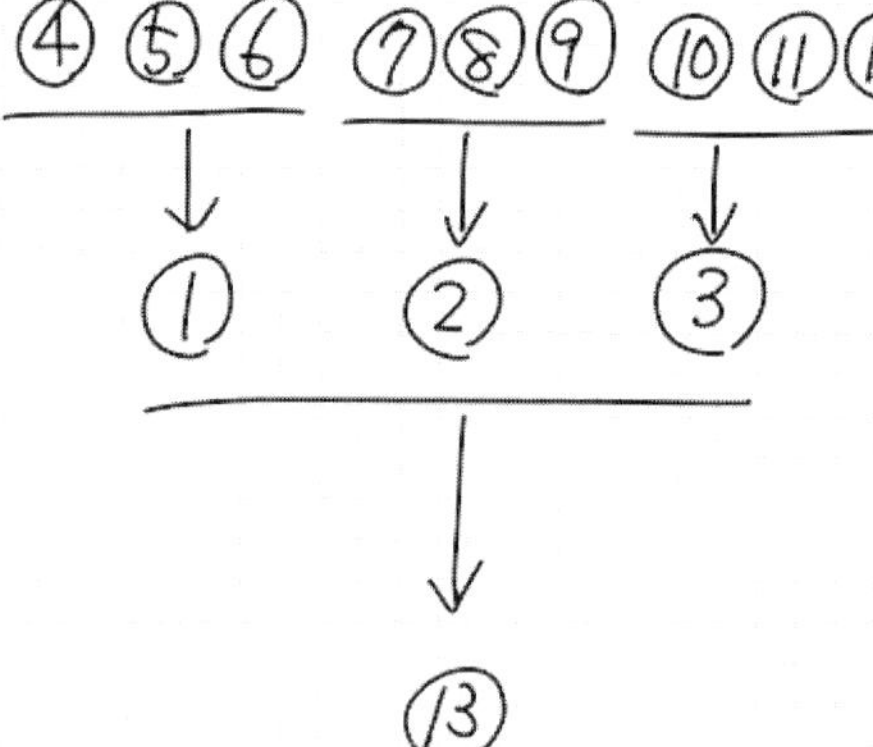

それでは、ここから先の章では、論理式によって、どのように問題をきれいに解いていくのか、さらに別の具体例も確認していきましょう。

【参考文献】

『論理的思考の技法Ⅰ』鈴木美佐子著、２００４年（法学書院）

第三章

論理式を用いた説明問題解法

～その場逃れの解答を防ぐ～

説明問題の高い点数を取る解法

説明問題の解き方は、原則として、課題文の中にある論理関係を抜き出して記述すると考えます。

この考え方は、原因説明の問題でも、理由説明の問題でも同じです。

理由説明の場合は、AならばB、BならばC、CならばDというような論理関係が課題文の中にある時、この流れを記述すればよいということになります。

例えば、課題文の中の論理を、論理式で表記した場合に次のようになるとします。

A→B→C→D→E

この場合、Eの部分に線が引かれており、この部分についての何らかの理由が求められた場合、原則として解答に盛り込むべき要素は、「A→B→C→D→E」という論理式の内容です。

具体的な事例でご説明します。それでは、早速慶應大学の問題で解法を確認してみましょう。

２０２０年度　慶應大学看護医療学部　小論文過去問題解説

それでは、さっそく２０２０年度の慶應大学看護学部の小論文について、問題を見ていきましょう。以下のような問題が出題されました。

〈問題１〉

認知症の症状の程度や加齢に伴う認知機能の低下に個人差が見られる理由を本文の内容をふまえて２００字で説明しなさい。

〈解説〉

課題文を見てみますと、認知機能の低下に個人差が見られる理由として、以下のような関係性が記述されています。

認知の予備力というものがあり、予備力が大きい人は、認知機能が低下しない。

脳の可塑性というものがあり、脳の機能の一部が低下しても、代償が行われ、機能低下が見られない人がいる。

この内容をもっとシンプルに論理式で記述するとこうなります。牛山式の論理式解法です。

・認知の予備力→個人差が生まれる

・脳の可塑性→個人差が生まれる

めちゃくちゃ簡単になりましたね。課題文の中にこのような論理関係があるということがわかれば、あとはこの内容を書けばよいということになります。

ここでご紹介した論理式を膨らませて書けば、解答が出来上がります。

解答例を紹介します。

〈解答例〉

認知症の程度や加齢に伴う認知機能の低下に個人差が見られる理由は大きく二つ考えられる。第一の理由は「**認知の予備力**」の影響である。情報処理に必要な能力の蓄え、低下した機能の代償等の能力が高い場合に、認知機能は低下しにくいという考え方がある。第二の理由は、「**脳の可塑性**」である。脳の一部の機能が低下した場合であっても、若年者では活性化が見られない脳部位が活性化する高齢者が存在する。

難しい問題かもしれませんが、解き方次第でめちゃ簡単になります。

それでは、次の問題を見てみましょう。

〈問題2〉

「脳トレの点数が上がることは、日常生活の物忘れが一つ無くなることを意味しない」のはなぜか。効果の移転の概念を用いて500文字以内で論じなさい。

〈解説〉

今回の問題も因果を問う問題ですね。

因果を問う問題は、論理式解法でかなり解きやすくなります。

課題文の内容を確認しますと、「効果の移転」という概念が説明されています。効果の移転というのは、要は脳トレの効果が様々な能力に移転するかどうかということです。

課題文の中では、効果の移転は起こらないのではないかという仮説を支持する研究報告が多数紹介されています。

要はこういうことです。

効果の移転（無関係なものは移転しない）↓物忘れがなくなるわけではない。

↓の部分を（ならば）と考えてみてください。

従って、この内容を膨らませて、説明すると、今回の問題はすぐに解くことができます。
ただ、論理を補ってやることがここでは求められていると考えてもいいでしょう。
つまり、なぜ現実には、ほとんど効果の移転現象は見られないのかということです。
そこで、以下のようなロジックを考えることができるかもしれません。

効果の移転が見られないのは、日常生活との関連が強い脳トレが存在しないからだ。

もしそうなのであれば、

日常生活との関連が強い脳トレが存在しない→（ならば）効果の移転という理論が機能しない

という論理式が成立しますね。

この論理式に結論を加えたらどうなりますか？

日常生活との関連が強い脳トレが存在しない→効果の移転という理論が機能しない→日常生活で物忘れがなくなるわけではない

はい。解答のロジックが完成しました。

解答例を作っていく際に、課題文の中で、右記の仮説を導く際の重要な根拠がいくつか示されていますので、自説を支える根拠として抜き出しましょう。

今回の問題は、オーソドックスな論じる問題ですから、変な構文に文章をはめて書くようなことは絶対にしないこと。

構文あてはめ型の解き方だと点数がなくなってしまいますよ。

それでは、解答例をご紹介します。

〈解答例〉

脳トレの点数が上がってもなぜ日常生活で物忘れが無くなるわけではないのか。

私は脳トレで要求される能力と、日常生活で要求される能力の間に連関が少ないことが原因であると考える。

効果の移転と呼ばれる概念がある。「効果の移転」とは、特定の脳トレなどの訓練が、日常生活の様々な能力に移転することを指す。この「効果の移転」については、懐疑的な研究報告が多数存在する。数字を記憶する能力を高めても、文章になると対応できないケースや、読む能力を鍛えても英語を話すことができるようにはならないケースなど、様々なケースが存在する。特定の課題を訓練したとしても、他の認知課題や日常生活機能の改善に結びつくには限界があると考えられる。

もし仮に日常生活でよく起こる「顔と名前の不一致」「顔と役職の不一致」などの記憶障害に関する脳トレがあった場合は、この脳トレで得られるトレーニング効果は、そのまま日常生活の問題を解決することにつながる。しかし、このような脳トレは一般的ではない。

日常生活で発生する問題と関連が強い脳トレが一般的に行われていない。そのため、脳トレの点数が上がっても、日常生活で物忘れが無くなるわけではないと考えられる。

第四章

論理式を用いた要約問題解法

～その場逃れの解答を防ぐ～

2020年度 慶應大学法学部 過去問題解説

この年は、アジア観認識に関する独自性と多様性についての文章が課題文として出題されました。

しっかりと問題を解くことができたでしょうか。

問題は次のようなものでしたね。

〈問題〉

次の文章は、アジアとその近代化について記されたものである。著者の議論を400字程度に要約した上で、あなたの考えを具体的に論じなさい。

本来要約は、以下のように考えて解くのがセオリーです。

要約問題と論旨を整理する問題の解き方

図：要約問題の原則的な解法

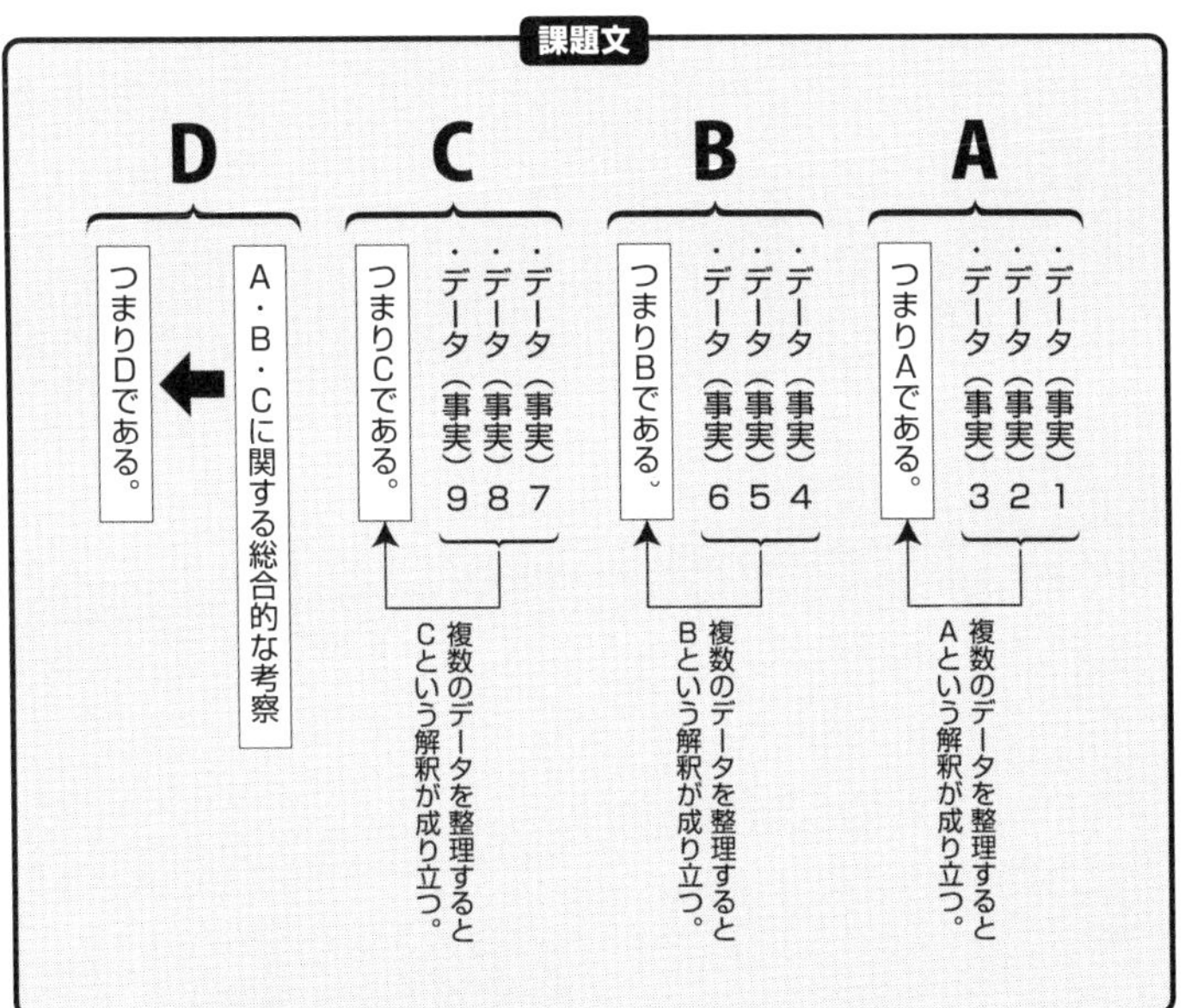

全文要約の場合

<Aであり、Bであり、Cであり、従ってDである>という流れで、文を設計する。

※この際に、A、B、CはDと論理的に関係が強いものにする。

要約問題では、主に、筆者の主張がある文章が出題されることが多い。

論旨を整理する場合

<Aであり、Bであり、Cであり、従ってDである>という流れで、文を設計する。

※この際に、A、B、Cは文章全体から考えて、重要なテーマについて言及している論点とする。

論旨を整理する問題は、主に教科書の内容のように、時系列で整理された文章が出題されることが多い。

要は、課題文の中でも、まとめにあたる部分を抜き出すという方法です。一般的な評論文は前記の図のような文章構成になっています。

ただ、今回出題された課題文を見てみますと、クルクルと話題が頻繁に変わっているのですね。ここが問題点です。

〈問題点〉

そうすると、この考え方を適用しても、ズルズルと長い文章になってしまうか、要点を押さえることができないスカスカの文章になってしまう恐れがあります。

ではどうするべきか。

ここで、新しい方法（解決策）を紹介しましょう。

ズバリ、牛山流論理式的内容抽出です。

論理式というのは、本書でご紹介した通り、例えば……

・AならばB
・BならばC

という関係について、

A→B

B→C

という具合に記述する方法です。

数学では、

P→Q

というのを習いましたね。

今はちょっとややこしく感じるかもしれませんが、今回出題された複雑な課題文の論理について、この論理式を使用すると驚くほどシンプル化できます。

要約のやり方についても、論理式的内容抽出法についてもそうですが、牛山はどんどん小論文の解法を生み出しています。書籍などで紹介する場合は、このページのURLと、牛山恭範の名前を明記してくださいね。私は小論文の書籍も自分で執筆して多く出版しています。

私がお勧めするこのテクニックでは、少なくとも以下の内容を確認します。

【要約問題・解法の各ステップ】

［1］論理式を抽出
［2］著者の中心命題をつかまえる
［3］著者が強く否定していることをつかまえる
［4］課題文の対立構造を見極める

この中でも、最も重要なのが、論理式の抽出です。
それでは、以下に、具体的にどのようにやるのかを見ていきましょう。
まずは簡単な例でウォーミングアップしますよ。

先日あなたに私が話していたのは、青い車だ。

（論理式の例）**先日話した車→青い**

その青い車は、爆発した。

（論理式の例）**青い車→爆発**

もしこんな文章があれば、

(1) **先→青**

(2) **青→爆**

という二つの論理式を結合して、青の部分が重なりますので、先→青→爆という最初と最後を取り、（起点と終点を残すという意味です。何個でも論理式は連結可能です。）先→爆となりますので、

先日話した車は、爆発した。

こういうことになりますね。

長い文章があったとしても、同じことです。例えば、課題文の以下の部分に着目してみまし

ょう。

アジア人自身のアジア観は、ふたつの見方の重なった一種の複眼的展望ともいうべきものの中で、形作られていったのではないかと思われるのであります。

この内容の骨子を論理式で表すと以下のようになります。

アジア観→複眼的展望

簡単に言えば、アジア観は、複眼的展望であったということですからね。

同様に……

言い換えれば……（中略）……そのまばゆいばかりの科学技術体系が、アジア人の眼には、普遍性を持つものとして映ったということであります。

この文章は、

科学技術体系→普遍性

こうなります。

この調子でどんどんやっていきましょう。
すると、長い課題文も以下のようになります。

【論理式的内容抽出　２０２０年慶應義塾大学法学部課題文（小論文）】

①アジア観→複眼的展望
②科学技術体系→普遍性
③アジアの位置付け→外からの基準
④外からのアジア観→アジア人のアジア観に影響を与える。
⑤西欧の見方を受け入れる→複眼的な見方が生まれた。
⑥西欧の見方を受け入れようとしたこと→精神面の変革を余儀なくされた。
⑦自己模索→物質の世界と、精神の世界の分離

⑧二つの世界に同時に住む↓精神主義が噴き出した。
⑨近代化↓不安定化
⑩アイデンティティーの喪失↓自己本位が肥大化した社会
⑪工業化↓民族の自我の発展
⑫近代化↓単一の物差しで測られるべきものではない。
⑬独自性と多様性↓共存の重要性
⑭アジア内外での相互依存の度合いが高まる↓独自性と多様性の認識が重要となる。

かなりすっきりしましたね。

その上で、以下の点を確認していきます。

〔**著者が（もっとも）言いたいこと**〕
私たちは、普遍的な背景に基づくものではなく、独自性と多様性に基づく。そのため、共存の重要性が高まる社会においては、この認識が重要になるだろう。

〔著者が否定していること〕

アイデンティティーの喪失が、自己本位が肥大した社会につながっている。

〔課題文の対立構造〕

アイデンティティーの喪失⇅独自性と多様性

それでは、この点をふまえて、最初の論理式に肉付けをしていきましょう。

〈要約部解答例〉

アジア人のアジア観は、内側と外側の両面からなる複眼的な展望によって生まれているのではないか。すなわち、科学技術体系としての普遍性がある、西欧的な外側からの視点と、アジア各国の独自の文化である内側からなる複眼があったということである。このような外からの基準を土台とした外からのアジア観は、西欧の見方を受け入れるものであり、アジア人は精神面の変革を余儀なくされた。アジア人は自己模索をし、物質、精神世界が分離することで、精神主義が噴き出した。近代化とは、アイデンティティーの喪失による自己本位が肥大化した社会である。工業化とは、文化から生じるものであり、その意味では、民族の自我の発展である。もし仮にそうであれば、近代化とは、単一の物差しで測られるべきものではなく、独自性と多様性を内包したものである。共存の重要性が高まる社会においてこの認識が今後重要となるだろう。

はい。

ここまでが全体の要約でした。

非常に簡単でしたね。

普通に要約していくと、骨子を押さえることができず、錯乱した内容、あるいは、減点されまくる内容となってしまうでしょう。

ところが、今回ここで牛山がご紹介した、牛山流論理式要約法を使えば、バカみたいに簡単に要約できてしまいます。

圧縮度が厳しい要約が出題された場合には、この要約法を検討してください。

それでは、論述はどのように考えればいいのでしょうか。

2020年度　慶應大学法学部小論文 論述部分の解説

〈考え方〉

今回の課題文の内容について、論拠を列挙しますと、結局以下の内容と言っていいでしょう。

【論理式的内容抽出　2020年度慶應義塾大学法学部課題文（小論文）】

①アジア観↓複眼的展望
②科学技術体系↓普遍性
③アジアの位置付け↓外からの基準
④外からのアジア観↓アジア人のアジア観に影響を与える。
⑤西欧の見方を受け入れる↓複眼的な見方が生まれた。
⑥西欧の見方を受け入れようとしたこと↓精神面の変革を余儀なくされた。
⑦自己模索↓物質の世界と、精神の世界の分離
⑧二つの世界に同時に住む↓精神主義が噴き出した。
⑨近代化↓不安定化

⑩ アイデンティティーの喪失↓自己本位が肥大化した社会
⑪ 工業化↓民族の自我の発展
⑫ 近代化↓単一の物差しで測られるべきものではない。
⑬ 独自性と多様性↓共存の重要性
⑭ アジア内外での相互依存の度合いが高まる↓独自性と多様性の認識が重要となる。

最後の⑭番が結論です。

つまり、①から⑬番までが、結論を導く前提となっていると考えることができます。

図：論証図（イメージ）

④＋③＋②
↓
⑧＋⑦＋⑥　⑤＋①
↓　↙
⑬＋⑫＋⑪＋⑩＋⑨
↓
⑭

前提とは、仮説を支える理由です。

本来、理由とは、一般原則的なものであるのが理想です。従いまして、課題文で著者が行っている論考は、荒いと言えます。ただ、論理構造は、このようになっているわけですね。

著者の意見に賛成の理由が、1から13番まであるという図式です。ここで考えなければならないのは、以下のような点です。

【論理のチェックポイント】


［1］「議論の目的」：何を本稿、課題文の目的とすべきか。

［2］「議論の価値観」：著者が述べる以外の価値観がないか。

［3］「議論の重要な前提」：著者が見逃している重要な議論の前提はないか。

［4］「著者の論拠を叩く論拠」：要は、反対の理由がないか。

［5］「論理展開」：論理式の内容に論理の飛躍がないか。

［6］「仮説と前提の連関」：議論の前提から結論に至る過程で、論理に飛躍がないか。

いかがでしょうか。

著者は何か見逃しているでしょうか。

反論を述べるのであれば、最も重要な論拠を叩けばよいということになります。

つまり、著者が述べる対立構造や、著者が否定しているものについて言及すれば、議論は総崩れとなります。

もしもあなたが、課題文の内容を否定する立場に立つのであれば、その視点から考えます。

以下の点について、矛盾を指摘できないかを考えます。

〔著者が否定していること〕

アイデンティティーの喪失が、自己本位が肥大した社会につながっている。

〔対立構造〕

アイデンティティーの喪失矢印⇅独自性と多様性

すると、以下のようなことは、すぐに考えることができます。
問題は、ここまでの考察は数秒かもしれないけれども……核心的な内容を考察しているということです。

〔考えられること〕
自己本位が肥大化した社会が幅を利かせている原因はいくつもあるだろう。
独自性と多様性があったからといって、自己本位主義的な社会を防ぐことはできない。

なぜこのようなことを考える必要があるのかと言えば、自分目線でしか物事を考えなければ、物事の一面しか考えることができないからです。

それでは、ここまで一応考えてみてから、自己本位主義的な社会を防ぐのに、独自性や多様性が役立っているのかどうかを考えます。

論拠を考えた後に、その論拠を支えるデータを考えるということです。
データがなければ、空理空論になりますからね。

このように、物事を考えていくには、適切な順番があります。

この点を詳しく書いたのが、拙著『小論文の教科書』（エール出版社）です。

学校法人様が、先生が学ぶテキストとして使用しています。

それでは、解答例を確認してみましょう。

〈解答例〉

アジア人のアジア観は、内側と外側の両面からなる複眼的な展望によって生まれているのではないか。すなわち、科学技術体系としての普遍性がある、西欧的な外側からの視点と、アジア各国の独自の文化である内側からなる複眼があったということである。このような外からの基準を土台とした外からのアジア観は、西欧の見方を受け入れるものであり、アジア人は精神面の変革を余儀なくされた。アジア人は自己模索をし、物質、精神世界が分離することで、精神主義が噴き出した。近代化とは、アイデンティティーの喪失による自己本位が肥大化した社会である。工業化とは、文化から生じるものであり、その意味では、民族の自我の発展である。もし仮にそうであれば、近代化とは、単一の物差しで測られるべきものではなく、独自性と多様性を内包したものである。共存の重要性が高まる社会においてこの認識が今後重要となるだろう。

以上が著者の議論である。著者が述べる「外からの基準」だけが与えられた状態は、自己本位主義的な思想へとつながり、国家を暴走させるという理論は非常に興味深いものである。私はこの議論を、目的論的な国家論であると表現可能ではないかと考えた。どのような組織であっても、内発的な自己目的を失った場合、目的なき目標だけが設定されることとなる。例えば企業における行動目標に関しても、法律さえ守れば後は何をやってもよいと考える企業は、実質的には法律を犯しているグレーな行動を取ることや、実質的な詐欺行為を通して世の中の害悪となることが少なくない。法は倫理の最低基準とはまさにこのことである。国家運営においても、国家運営の倫理的な基準というものが、一定程度国際法などによって明記されていたとしても、実質的には機能していないことが問題視されることがある。この背景には著者が述べるように、内発的な高い倫理意識や、行動基準が無いことによるアイデンティティーの喪失という問題がある可能性がある。発展主義に基づく近代化という価値観以外の価値観が支配的となった時、国際社会における新しい協調の枠組みが生まれるのかもしれない。

以上より、私は国際社会における国家のスタンスとして、各国家の組織目的を明らかにすることを国際社会に提言する。内発的な国家の品格を世界に問うことは、世界各国の持続的成長という共通の課題においても共存の可能性を強めるものであると私は考える。

今回の答案では、議論の目的を国際的な問題を解決することに設定し、議論を行う価値観について、非利益主義的なスタンスとしました。

今回の問題の出題については、国際政治の分野において、国際的な共存の重要性が高まりつつあることが背景にあるかもしれません。

もし、出題者の問題意識が、国際的な共存の可能性についてあるのであれば、そこに新規な視点を持ってくることで、評価が高まることが予想されます。

問題意識への応答ということです。

今回の答案には二つの新規な視点からの論考が含まれています。

［1］国家の目的論
［2］非発展主義的な価値観

言ってみれば、国家に目的がないことも、発展主義的な思想も、どちらも時代遅れとも言えます。

みなさんはどのように考えるでしょうか。

さて、いかがだったでしょうか。論理式による解法により、確実に要約部分で点数を取得し、論述にも役立てることができることを実感されたと思います。

理解力が不足していると、トンチンカンな論述になってしまいますからね。

第五章　高い点数を実現する
グループディスカッションの4本線解法

グループディスカッションを制するポイント

私は大学院在学中に、東大卒、東大院卒、東大医学部卒、東大博士課程修了者、京大卒、旧帝大卒の医師、国立大学出身の医師、ソウル大学卒業者などが在籍するクラスで成績優秀者になったことがあります。

一度の試験ではなく、年間50本ほどの論文を書き、その中で成績優秀者となりました。どうやって私は成績優秀者になったのでしょうか。

いくつか理由はありますが、そのうちの一つは本書でもご紹介している4本線解法と言えるでしょう。そのほかの理由は、私が速読や思考技術にある程度長けていたからと言えます。

ディスカッションは、ある意味でサービス問題のようなものです。ほとんどの人が解き方を知りません。議論系の問題の解き方は、本書で何度もご説明しているように、4本線解法が有効です。

〈論証のポイントの復習〉

［1］ミーシーであること。

ＭＥＣＥとは、Mutually Exclusive and Collectively Exhaustive（漏れなく、重複なく）の頭文字を取った略称です。（『ロジカルシンキング』２００１、照屋、岡田）

［２］論証ポイントが抑えられていること（鈴木教授が述べる論証のポイント）

（１）論証が妥当

（２）論証の前提が真

参考文献：鈴木美佐子、『論理的思考の技法Ⅱ』、２００８（法学書院）

わかりやすく補足説明をつけて、まとめると……

―論証ポイントのまとめ―

①漏れなく、重複なく論理が組まれており、考慮されている。

②論証が妥当（論理的連関があり論証図を描ける）

③論証の前提が真（理由とデータが妥当であること）

2020年 東京大学法学部・グループディスカッション入試

〈問い〉

性犯罪で有罪判決を受けた人について、再犯防止のために、GPS監視の対象とすることについて、どのように考えますか。監視の対象にする条件や具体的な監視の方法を想定しながら議論をしてください。

【賛成側の理由】

［1］（論拠）子供の安全を守る重要性

（根拠）子供の誘拐事件が近年頻発している。

［2］（論拠）再犯率の高さ

（根拠）性犯罪者は同じような犯罪を繰り返すことが多い。

［3］（論拠）犯罪抑止力の重要性

（根拠）犯罪抑止力を高くすることで成功した事例がある。

【反対側の理由】

［１］（論拠）犯罪者自身に帰責性が少ない
（根拠）責任能力が問われる事件が過去にある。

［２］（論拠）憲法に規定されている人権規定
（根拠）いかなる犯罪者にも人権がある。

［３］（論拠）子供の安全を守る代替手段
（根拠）子供の安全を守るための方法は他にもある。

今回は、解答例として、右記のような論拠・根拠をご紹介しました。
（論拠は一般原則、前提のことであり、根拠とはファクト、事実のことです。）

〈念のためのまとめ（復習用）〉
論拠：理由
根拠：データ

ディスカッションでは、まだ取り上げられていない論拠と根拠を探すことが重要です。
その上で、以下の3点を考えます。

［1］議論の目的
［2］議論の価値観
［3］議論の重要な前提

今回のケースで言えば、次のようなことが言えるかもしれません。

〈重要な3つの議論の前提〉
議論の目的：子供の命を守る事
議論の価値観：人権を保護しつつ、生命を守る
議論の重要な前提：性犯罪の再犯率

ここまでの内容は、全部記憶する必要があります。例えば、議論の前提には何がありますか？と質問されたら、すぐにこの3種類がスッと出てくるようにしましょう。

４本線解法で、議論のパーツを集めたら、今度はこの内容を踏まえて何が言えるのかを考えます。

このように、議論を行う際には、徹底して、議論の構造を明らかにすることが重要です。

そうすれば、議論に生産性が出てきます。

ディスカッション系応用問題の解き方

ここで、グループディスカッションの延長とも言える慶應法学部のＦＩＴ入試課題小論文を「４本線解法」（ＵＭモデル）で解き、ご紹介します。このように簡単に書くことができます。また、論証モデル上、どうしても点数が高くなりやすくなります。

【２０２０年慶應法学部ＦＩＴ入試解答例】

資料Ａは三権分立を支持し、資料Ｂは、イギリスにおいて三権は分立していないと述べ、資料Ｃは、イギリス憲法の長所として立法と行政の結びつきに言及している。上記の資料の争点は、三権分立の妥当性である。

樋口は議院内閣制についての議論を均衡本質説と、責任本質説に分けている。すなわち、行政と立法の分離と結合である。樋口はどちらにも問題点があると指摘している。佐藤は、この点について、我が国は均衡型であると述べた上で、均衡型の方が民主的に機能する可能性を有していると述べた。その根拠として樋口は「無条件の不信任制度と無条件の解散制度の存在が、議会と内閣に対し、たえず国民の意思へ近づこうとする動因を与えるから」と述べている。

果たして三権分立である均衡説は妥当なのだろうか。私はこの点について、重要な論点を考察すれば、責任本質説よりは評価できるものの、妥当性は高いとは評価しにくいものであると考える。

三権分立の均衡説を評価する上で重要な論点は三つある。第一の論点は、機能するかである。第二の論点は理想的であるかであり、第三の論点は、制度から国民の権利保護のプロセスである。私が結論に至った一つ目の論拠は機能性の低さである。三権分立の均衡説は、アメリカのトランプ大統領の暴走、安保法制の事件などを見る限り、十分に機能しているとは評価しにくいものである。無論その理想から言えば、均衡説は権力の暴走を阻止する。しかし、現実には高く評価はできない。結論の第二の論拠は理想的な度合いである。この点について、均衡説と責任本質説の長短に注目する必要がある。均衡説は、民意を反映するものの、衆愚政治となりやすい。責任本質説は、衆愚政治となりにくいかもしれないが、権力の暴走を食い止めにくい。従って、どちらにも一長一短があり、均衡説であっても手放しに評価はできない。第三の論拠は、均衡説の効果が発生するプロセスである。我が国では、行政府による立法プロセスが長年問題視されており、三権分立論の理想が、繁栄された均衡説が、十分に機能しているとは評価しにくい。

以上の理由より、三権分立の均衡本質説について、相対論の立場では、責任本質説よりは、理想的な政治体制であると考える。しかし、実態を鑑みれば、総合的な妥当性は限定的であると私は考える。

【解答例の論証パーツ】

［1］議論の目的：国民にとって理想的な政治を行うこと
［2］価値観：国民の権利保護（憲法の理想的な概念を実現する）
［3］重要な前提：均衡本質説と、責任本質説がある
［4］反論：理想から言えば、均衡説は権力の暴走を阻止するが、現実には高く評価はできない。
［5］論拠と根拠：（前述の解答例）

小論文の添削は誰に見てもらっても同じなどと考える人がいますが、この解答例を見ればわかるように、点数は論証モデルや、論文に対する知識・経験で決まってきます。論証モデルがダメなら論文はダメになっていきます。本書の冒頭で東大合格者を紹介していますが、彼が合格した

のも研究計画書を私が見てアドバイスしているためです。質を高めていけば、簡単に合格してしまいます。「すべて点数がついており、自分が何点か？」という認識が重要です。

第六章　高度なまとめ文章と論理式を用いた論述問題の解き方

高度なまとめ文章の解法

平成30年　東京大学文学部　推薦入試

〈問題1〉
右の文章で翻訳はどのようなものと考えられているか、800字以内でまとめなさい。

〈問題2〉
文学部で学ぶということについて、右の文章を踏まえながら、あなた自身の考えを1000字程度で述べなさい。

〈**解答例**〉
音楽の演奏、芝居なども一種の翻訳と考えることができる。翻訳に解釈はつきものである。グレン・グールドは、常に自分のスタイルを壊し続けていた演奏家だった。彼は個別の作曲家それぞれに対して違う演奏スタイルを身につけていた。一般に翻訳は次善の策であって、本来は原文で読むのがよいとされる。翻訳における解釈は、オリジナル作品の後を常に歩き、謙虚な役目に徹するべきなのだろうか。翻訳の分類学は、どの程度自由か忠実かが一応の基準となる。訳者は等価の作品を新たに創作すべく苦心するしかない。詩においては、いわゆる創作的裏切りの発生が必然となる。翻訳が困難なのは言葉でも実は同じである。翻訳の不可能性を口にする時人はしばしば文化的背景にそれを起因させる。しかし、言葉を尽くせば、翻訳は可能なはずである。詩の場合に翻訳が難しいのは、たくさんの言葉を尽くして説明することが許されないからである。言語学者ヤーコブソンは、1）言語内翻訳、2）言語間翻訳、3）記号系間翻訳の三種類に翻訳を分けた。あらゆる翻訳の基礎をなすのは、言語内翻訳である。そのため、言葉の意味とは、翻訳を通じてしか記述できないということになる。翻訳の解釈にまつわる問題は程度の差である。いかなる翻訳も新しい意味を発見、創出する点で等しい。多様に解釈することでテクストの意味が明らかにされる。音楽や絵画の内容を言葉で表現することやその逆の行為は、翻訳と見なしうる。そのような過程において、新しい意味が創出される。

〈**解説**〉

この文章を一言で表現するとどうなるでしょうか。

（翻訳は、一般的には忠実な言い換えであると考えられているがそうではない。）翻訳とは新しい意味の創出である。

こうなるわけですね。

ところが、本文を読んでいない人にこのようなことを述べても理解されないでしょう。そこで、今回の問題1のような要約の答え（詳しい論理的説明）が必要になります。

このように、要約問題では、全体のロジックを埋めるように発想することが非常に大切です。

翻訳→新しい意味の創出

この論理式ではわからないので、、、

翻訳→●●→●●→●●→新しい意味の創出

このように、間に存在する●●を正確に記述してやることを考えましょう。

そうすると、高い点数をねらうことができます。

ここまでは、あくまでも概要のお話です。

要約問題を原則としてどのように解いていくかですが、以下の図のように考えます。

あくまでも原則的な考え方ですが、一つの段落に一つだけ述べたい内容があるイメージです。

※段落を作りまくる著者もいますので、あくまでも原則的な考え方だと理解してください。

そうしますと、課題文の内容を論理式で抜き出すとどのようになるのか、少しだけ書いてみましょう。

音楽の演奏→一種の翻訳

翻訳→解釈はつきもの

グレン→自分のスタイルを壊し続ける演奏家

翻訳→本来は原文で読むのがよいとされる

解釈→謙虚な役目に徹するべきか

詩→創造的裏切りが必然
翻訳が困難な事情→言葉でも同じ
翻訳の不可能性→伝統の相違に起因させる考え方
詩の場合の翻訳の不可能性→たくさんの言葉を使えない
言語学者ヤーコブソン→翻訳を三種類に分けた

ここからが非常に大切です。核心的な部分ですからね。
説明のためにここから便宜的にＡＢＣＤＥと記号を論理式につけました。

A：翻訳→1）言語内翻訳（同一言語内での言い換え）を含む
B：言い換えを含む→言葉の意味は翻訳を通じてしか記述できない
C：翻訳の解釈の問題→程度の差
D：多様に解釈→テクストの意味が明らかにされる
E：すべてのケース→意味の新たな発見の過程としてとらえることができる
F：絵から言語、言語から絵などの行為→すべて翻訳
G：翻訳の過程→新しい意味が創出される。

全体として、AなのでBであるというロジックがあることに気づくでしょうか。（A→B）

全体として、Bであり、Cであり、Dなので、Eであるというロジックがあることに気づくでしょうか。

全体として、E＝F＝Gの関係にあることに気づくでしょうか。

そうすると、全体のロジックは、**BかつCかつD→（ならば）E＝F＝G**ということです。

翻訳の過程は、意味の創出なのだということが言いたかったわけですね。

図：論証図

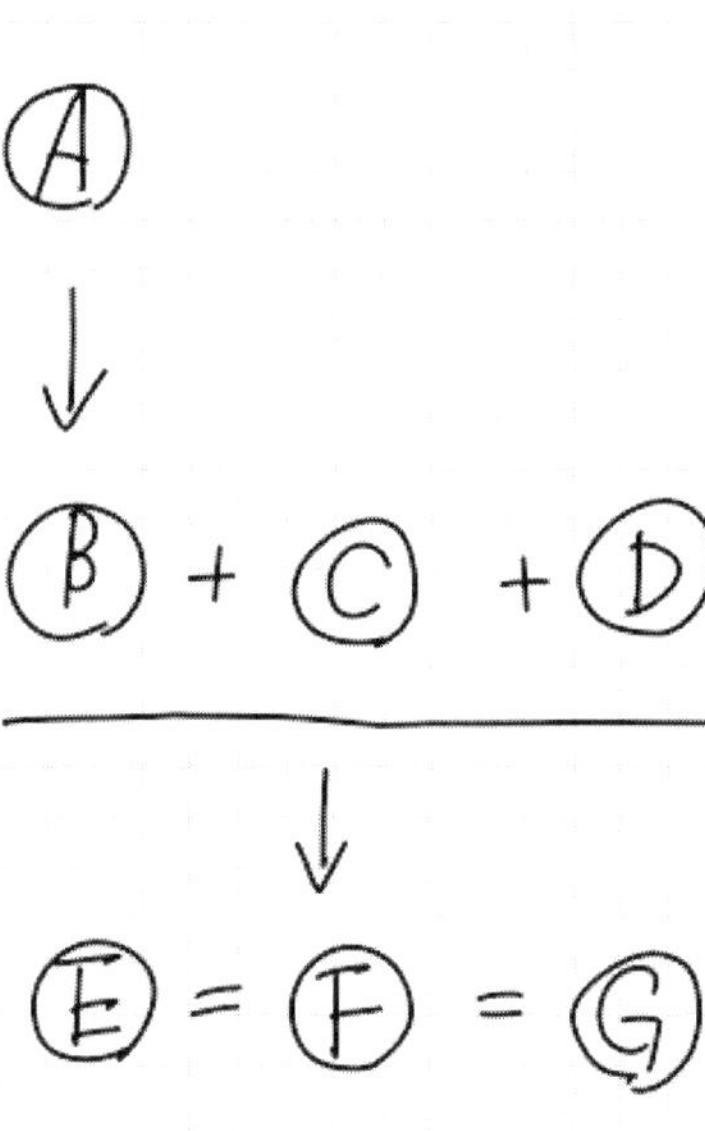

BとCとDは、結論を導く理由（論拠・前提）になっています。従って、このB、C、Dを入れ込むことで、要約文が論理的になります。必ず、B、C、Dの要素を要約文に解答要素として入れましょう。

論理式で論述問題を考察する解法

それでは、問題2を見ていきましょう。

今回の文章を踏まえて、文学部で学ぶことについてあなたの考えを1000字程度で述べなさいという問題でした。

この問題をどのように考えるべきでしょうか。
文学部では基本的に言語翻訳を学んでいきます。
このことを論理式で表現すると……

文学部→翻訳

課題文の内容を論理式で表現すると……

翻訳→意味の創出

2つを連結すると、

文学部→翻訳→意味の創出

つまり、

文学部（で学ぶ）→意味の創出

このように、簡単に出題意図を見抜くことができるわけですね。

とても簡単になりましたね。
こんな風に解いていきますよ。

それでは解答例を見てみましょう。

〈解答例〉

課題文では、翻訳とは意味の創出であると筆者が述べている。それでは、文学部で学ぶことはどのように考えることができるだろうか。

私は文学部で学ぶことは、何らかの自分なりに学問に取り組んだ結果としての意味の創出であると考える。

文学部では何を専攻するかに違いはあったとしても、翻訳を学問的に学んでいく。中国語を日本語に翻訳する場合であっても、課題文の著者が述べるように、中国語から日本語への翻訳だけが行われるわけではなく、実質的に中国語から中国語への言語内翻訳が行われることになる。このプロセスにおいて、解釈の違いや差については、程度の差こそあったとしても、このような言語内翻訳を行わない完全な直訳は常にできるわけではない上に、課題文の著者が述べるように、望ましい行為でもない。私たちは中国語を日本語に翻訳する場合、文化起因論のように、中国を学び、中国の文化に触れる必要がある。しかし、私たちが学問をする上で、母国語として中国語を身につけていない以上、何らかの障害や限界がそのプロセスに存在すると考えられる。文学部で学ぶということは、このような障害や限界を乗り越えていくことであり、そのプロセスは、常に新しい意味の創出と言える。もし私たちが学ぶことが、個人の恣意的な解釈論に陥るのであれば、文学を学ぶ意味はないのだろうか。否、私はこの点について、だからこそ丁寧に根気強く、高度に学問を行う姿勢が重要だと考える。学問として文化を学ぶ以上、ある時は、中国語を母語とする人以上に、私たちは中国文化を学ぶ場合、中国に詳しくなる必要があるだろう。

以上のように、文学部で学ぶということは、新しい意味の創出を常に伴う。従って、私は文学部で学ぶということは、学びの限界に挑むことであると考える。高い意識で、私は学問に取り組んでいきたい。

今回の解答例を見てもわかるように、課題文で言及されていないロジックを補強するイメージが大切です。

解答例を紹介する前に紹介していた論理式の内容を詳しく掘りさげて解説すれば、問われた内容について、論理的に解答したことになります。

やたらめったら持論を振り回すのではなく、何を書くことを求められているのかをしっかりと考えましょう。

その上で、期待されていることをあなたができれば、高い点数となります。

小論文で高い点数を取るコツは、自分の意見をたくさん述べないことです。なぜならば、論点がずれるからです。

1つの論文で、1つの意見だけを述べることを一論文一中心命題の原則などと言います。ぜひ覚えておきましょう。

まとめ

・論証図を描き、論証に必要なパーツを残せば、まとめ文章の作成は容易になる。
・問われている内容を論理式で表記し、課題文の論理式と連結させることで、論理的な結論を自然に得ることができることがある。

第七章　テーマ思考ではなく、論点思考で高得点を取る

点数が取れない人はテーマ思考、点数が取れる人は論点思考

小論文で点数が取れない人は、特定のテーマについて、自分が思ったことを書き連ねます。あるいは、特定のテーマに関して、情報を集めて羅列します。ネタ小論文はこの典型です。問われたことについて、論点で考察することができず、人工知能と言えば、これ、格差社会と言えばこれ……という具合に何も頭を働かせることなく、原稿用紙のマス目を埋めるように答案を書くと、大減点となります。なぜでしょうか。

テーマに関する情報の羅列は作文だからです。そのように、言葉尻にだけ反応して書く文章は、作文に近い性質のものです。お父さんというテーマの作文があったとします。

〈作文の例〉

私はお父さんが好きです。
お父さんは良く働きます。
お父さんとかけっこをしました。
お父さんは、その時にこけました。
お父さんはいつも私にやさしいです。

作文であれば、このような文章は許されますが、小論文試験では許されません。このお父さんという文章は、お父さんというテーマについて書かれたあれこれです。論点について書かれているわけではありません。

例えば、「父の仕事の意義はどのようなものか」このような問いについて書いていくと、論点について文章を書くことができます。論点とは文字通り論じる点のことです。

論理式で論点を把握して論述する

2020年度 慶應大学文学部 小論文過去問題の解説

今回は、2020年度慶應大学文学部過去問題解説です。

この年は、要約問題が出題されました。

多文化共生についての課題文が出題されています。

〈設問1解説〉

本来、要約は以下のように考えて、要約作業を行います。

本書で、ここまででご紹介したように、評論文の構成はおおむね以下のようになっていることが少なくありません。

Aである
Bである
Cである
従ってDである

このような論理構成になっていることが少なくないのですね。

ただ、文章は常に、論文のような構成をとっているわけではありません。

前記の内容は、あくまでも原則的な要約方法です。

それでは、常に論文のような文章が出ないのであれば、どのような文章が存在するのでしょうか。

大きく分けて文章には、論理的に記述された論文型と、事件の内容を時系列でまとめた教科書型が存在します。

教科書型の場合は、時系列で重要なポイントを抜粋すれば、それが要約になります。

それでは、どこが重要なポイントになるのかと言えば、話題の転換の材料になっているパーツや、結論を導く重要な前提になっている部分、これがなければ話がつながらないと考えられるパーツなどです。


【覚えておくべきこと】

要約問題で抜き出す解答要素となる重要なパーツとは……

［1］話題の転換の材料になっているパーツ
［2］結論を導く重要な前提になっている部分
［3］これがなければ話がつながらないと考えられるパーツ

ただ……

今年の問題は、ある意味で易しかったと思います。

なぜならば、課題文全体が４つのパーツに分かれているからです。

この年の課題文を注意深く見てみましょう。

段落と段落の間に余白があり、話題転換されている部分が3か所あります。文章全体が４つに分けられているのですね。

ということは……

この4つのパーツから、文章を少しずつ抜き出せば、全体の要約が完成するということです。

ある意味大変簡単です。

どんなテーマで話題が転換しているのかをはっきり認識できますから、この4つのパーツについて、タイトルをつけてみましょう。

【課題文を4つのパーツに分けてタイトルをつけると……】

パーツ1：人の移動と多文化共生
パーツ2：理念型の多文化共生
パーツ3：多文化主義が認められない現実
パーツ4：共存を可能にする分散的なネットワーク社会

こんな話題の転換になっているのですね。

そうすると、ざっとこの4つを眺めてみましょう。

どういう話になっているのかと言えば、**多文化共生が重要なんだけど、それがうまくいっていない現実があり、現代社会では重要だよね……**

こんな話になっています。

めちゃくちゃに簡単になりましたね。

ただね。このように、物事を理解していくプロセスでは、要はどういうことなのかを把握する思考方法は大切です。

ここがわかっていれば、全体の要約も、やりやすくなってきますよ。

慶應大学を受験する人は、(自分は難しい大学を受験するんだ) というアイデンティティーを持っていることが少なくありません。

簡単なことを難しく考えてしまい、錯乱した上で、難しいのだという感情をぶつけた要約文や説明文を書いてしまう失敗がよくあります。

大事なことは、難しいことを簡単化することです。

要約問題も同じですよ。

それでは、今回の問題はどうやれば、簡単になるのでしょうか。
以下の４つのパーツから、２つずつ文章を抜き出してみましょう。

〈課題文を４つのパーツに分けてタイトルをつけると……〉

パーツ１：人の移動と多文化共生
パーツ２：理念型の多文化共生
パーツ３：多文化主義が認められない現実
パーツ４：共存を可能にする分散的なネットワーク社会

ただ、その前にやるべきことがあります。
要は、筆者は何を述べたいのかです。
何か主張したいことがあってこの文章を書いているはずです。
そうすると、以下のことがわかります。

メインの主張：指導者が紛争をおさめ、個人の才能と創造力を生かし、価値観を提示できる組織には、多様な人間が集まり、自制的な秩序が生まれるだろう。

サブの主張：これからの指導者に求められるのは、「命令と管理」から「調整と育成」へと組織原理をシフトさせることだという。

（MIT教授の言葉を引用している部分）

この2つの文章は、要約文への組み込みは決定です。ここがないと、最も減点されます。

要は、すべての文章はこの一文に着地するための前提にすぎません。

そのまま組み込むわけにはいきませんから、あとでどのように牛山が文章を改変して、要約文にふさわしい文章にしたのか、じっくり解答例を見てくださいね。

さて、ここまで準備ができたら、4つのパーツから、ポイントとなる文章に注目してみましょう。

〔パーツ1〕

国境を越えた自由な人の移動→認められていない……………A

多文化共生→欧米世界で激しいバッシングを受けるようになった……………B

〔パーツ2〕

規模の大小を問わず文化的な集団→多文化共生を想定することはできないか……C

このような状態の積極的な側面→理念型として描き出せないか……………D

〔パーツ3〕

問題→移動、結社、脱退の自由が支配的であるとは言えない現実……………E

多文化主義の実験は西洋では失敗したが、あきらめること→早すぎる…………F

〔パーツ4〕

サブの主張：これからの指導者に求められるのは、「命令と管理」から「調整と育成」へと組織原理をシフトさせることだという。…………………G

（MIT教授の言葉を引用している部分）

メインの主張：指導者が紛争をおさめ、個人の才能と創造力を生かし、価値観を提示できる組織には、多様な人間が集まり、自制的な秩序が生まれるだろう。……H

ここまでの内容を課題文にマーキングします。

英語についても言えることですが、点数を取ることができない人は、問題用紙への書き込みが汚いことが少なくありません。言い換えれば、頭の中が整理されていないと言えます。

頭の中が整理されていれば、必要な書き込みだけをピンポイントで行い、数学的に問題を解いていくことができます。英語も小論文も、結果を最大化させる書き込み方法があるということです。

課題文に、Ａ〜Ｈまでの番号をふりますよ。

あとは、これらの文章を適宜適切な形にしつつ、無駄を省いて抜き出し、場合によっては肉付けします。

それでは、設問Ⅰの解答例です。

〈設問Ⅰ解答例〉

現代の世界では、国境を越えた自由な人の移動は原則として認められていない。多文化共生という考え方は、九・一一事件を転機として、欧米世界で激しいバッシングを受けるようになった。規模の大小を問わず、文化的な集団が互いを尊重して共存する「状態」としての多文化共生を想定することはできないものだろうか。アジアで見られる共存の積極的な側面を理念型として描くことができる可能性がある。問題は、移動、結社、脱退の自由などが支配的であるとは言えない現実である。現代のように意思決定システムが分散されたネットワーク社会では、これからの指導者に求められるのは、「調整と育成」であるという意見がある。指導者が紛争をおさめ、個人の才能と創造力を生かし、価値観を提示できる組織には、多用な人間が集まり、自制的な秩序が生まれるだろう。

どうでしたか。きちんとやり方を知って対処すれば、ロジカルに問題を解くことができますね。やみくもに感覚でやるとめちゃくちゃな答案になってしまいます。

注意してください。練習量をやみくもに増やすのではなく、考える方法や、ステップ、適切な論文の書き方をきちんとインプットして、そこを練習していかなければ意味がありませんよ。

小論文試験は過去問題になれることで点数が上がったりはしません。きちんと、良質な指導を十分に受けることで点数が上がります。本書で学ぶようなことを多面的に把握することで、理解度を高めましょう。その際に、いろいろな情報にアクセスすると、今の時代は、実質的に間違った論文執筆法や思考法にたどり着くことが多いので注意が必要です。筑波大学名誉教授も述べているとおり、間違った構文や点数が下がる解法、解法と解答例が連動していない書籍、その場逃れの解答例が掲載されているだけの書籍など、むしろ点数が下がってしまう書籍もたくさんあります。YouTube などはもってのほかであり、現段階では小論文については、絶対に見ない方がいいとも言えそうです。

この問題を解決するには、手前みそですが、私が書いた本を何冊も読んでもらうのがお勧めです。

【牛山執筆の書籍】

［1］『小論文の教科書』………牛山開発のLP発想法紹介本。
［2］『小論文技術習得講義』……簡単に書いた初心者向けの書籍。
［3］『慶應小論文合格バイブル』………難関大学、大学院受験生用。
［4］『慶應SFC小論文対策法4つの秘訣合格法』………SFC受験生向け。
［5］『速読暗記勉強法』………読解力を向上させる理解速読という手法を学べます。

それでは、設問Ⅱを見てみましょう。

〈設問Ⅱ〉

集団に属するということについて、この文章をふまえて、あなたの考えを320字以上400字以内で述べなさい。

この問題を解く前に、重要なポイントを復習しつつ、考えてみましょう。

以下のようになります。

対立構造：共生、非共生

問題意識：

イノベーション→分散的なシステム

分散的なシステム→関係する者を意思決定に参加させる

この２つの論理式を結合するとどうなるのでしょうか。

イノベーション→分散的なシステム→関係する者を意思決定に参加させる

これらの問題意識を答案に入れ込んであげるといいでしょう。

〈設問Ⅱ　解答例（特に著者に賛成するわけでもない解答バージョン）〉

課題文で著者は**イノベーション**のためには、**分散的なシステム**、すなわち関係する者を意思決定に参加させる共存が重要だと説いている。それでは、集団に属するという意味はどこにあるのだろうか。イノベーションを前提とした場合、イノベーションは、多くのケースで個人の力によって起こされる。仮想通貨や、青色発光ダイオードの例はその好例である。集団に属することで人が認識できるのは、自分と他者の個性の違いや、その分布状況である。世の中は多文化でありさえすれば、多様というほど単純ではない。また、同時に多様な思考があることと高度な技術革新があることも別である。イノベーションは多くのケースで、何らかの成果物を作ることである。この際に必要になるのは、研究活動と同様に高度な知性、高度な技術の**チームアップであることが少なくない**。

前記の意味で、集団に属する積極的な意味は、イノベーションにおいては、不足したリソースを瞬間的に集めるチームビルディングにあると私は考える。

〈解説〉

かつて私が大学院の修士課程に在籍していた時、世界の大前研一学長に、指導されたことがあります。一言だけなんですけどね。

大学のチャットシステムに大前学長が登場したのは、私の記憶では2年間で2回くらいだけです。

そのうちの一つがこれで……

「群れるなよ」

と、一言だけです。

なぜ大学院で多くの生徒を集めているのに、群れるなよと、彼は指導したのでしょうか。

群れることには、メリットもありますが、大きなデメリットもあります。そのデメリットとは、均質化、同一化です。

一見すると多くの人が集まると、多様性により、その組織は多様な文化や考えを持った組織になると思われがちです。

しかし、現実にはほとんどのケースでそうなりません。なぜならば、多くの人は右を見て、左を見て、空気を読んで、発言するためです。自分が他の人と違うと、排除されるという恐怖があるのですね。

だから群れると大体標準化します。平均化していきます。

あっ、これでいいんだ、とか、そんなにがんばっているのはダサイ……

こんな風にすぐになります。一人頑張っている人がいると、(あいつ意識高い系かよ)(ばかじゃないの)(目立ってんじゃねーよ)とすぐになってしまう。

そして、その標準化された平均的な平均値に多くの人が群がり、その中で、ヒエラルキーが発生します。多くのケースで、社会的な評価や、力の強さ、人気などによって、そのヒエラルキーが構築されていきます。

ヒエラルキーの上位に位置する者は、構成員がどのように発言していいのか、なんとなく政治力を働かせて、みんなを黙らせたり、発言させたりします。そして、その発言内容をコントロールし、自分が上位に位置するための独特のヒエラルキー基準を設定し、そこを組織文化としてしまいます。そうすると、より一層ヒエラルキーは固定化されるのですが、そのヒエラルキーというのは、あくまでも群れたことによるお山の大将ということになってしまいます。自分達が満足する基準を自分達で設定しているわけですから、自己満足的な行為に他なりません。

このようになると、(伸びない)ということになってしまいます。伸びないだけではありません。何が妥当なのかということを考察する好奇心が死にます。こうやって人はどんどん考えなくなります。考えなくなるだけならまだましです。群れることによって、知らない内にメンタルブロックが働き、(大きなことは考えるな)(普通ではないことはするな)(何が社会的に知的でクールなのかを考えろ）（他人の目を気にしろ）（息をひそめて息を殺して、社会的な承認を増やせ）（他の人と同じでいることが、自分が生き残る唯一の道だ）このように考えるようになることが少なくありません。

普通であることが、生存のための手段であると考えるようになる集団においては、ダイバーシティーなどありません。金太郎あめです。

〈設問Ⅱ 解答例（著者に賛成する解答バージョン）〉

課題文で著者は**イノベーション**のためには、**分散的なシステム**、すなわち関係する者を意思決定に参加させる共存が重要だと説いている。それでは、集団に属するという意味はどこにあるのだろうか。近年**オープンイノベーション**という考え方が広まっている。オープンイノベーションとは、多くの人の気づきや視点を通して、技術革新を実現しようという考え方である。オープンイノベーションを起こすということを前提に考えれば、集団は多ければ多いほどよいと考えることが可能である。一般的に数は質に転化するためである。多くの構成員の多様な意見や考え方は、時として新しい技術の着想へとつながることがある。このような考え方に基づき、現在では多くのファンドやプラットフォームが形成されている。

以上の理由より、集団に属する意味は、イノベーションを起こしやすい環境を作り、何らかの技術革新に貢献できることであると私は考える。

こんな解答例を作ることもできます。

ただ、現実には、これらのプラットフォームから技術革新が起こることはほぼありません。なぜなのかについては、スマートではない理由をここに書かなければならないので、受験から外れた内容となりますので割愛します。

さて、ここまで解説してきて、どのように考えれば点数が高いのだろうか？

と思われた方がいるかもしれませんね。

点数を上げる方法はたくさんあるんですが、ここでは、核心的な方法を一つ伝授しましょう。

「ならば」に注目するという解法があります。

ならばというのは、P→Qというように、論理の基本です。

PならばQという論理がある時に、そこをどのように考えるべきなのか？

ここを考えていくことで、きちんと出題意図を踏まえた答案を設計しやすくなるのですね。

例えば、今回の問題で言えば、

共生→イノベーション

という単純な図式があることに気づいていたでしょうか。

共生があるならば、イノベーションが起こる

このような単純な論理があります。

言い換えれば、この論点について、あなたは賛成なのか、それとも反対なのかを述べていくのが、セオリーということです。

なぜ共生があると、イノベーションが起こるのでしょうか。

課題文にはいろいろと書かれていましたが、別にそれを信じる必要もありません。

このように、ゼロベースで論点について、考察していくことが、小論文を解く時のイロハのイになります。

もっとも基本的な部分です。

ほとんどの受験生はここがわかっていないので、大きく減点される答案を書いてしまいます。

文章の構成以前にこのように基本的な部分でしっかりと得点できるように実力を養成していきましょう。

第八章　課題文の内容を論理的な図式化で理解する

図式化により文章内容を簡単化する解法

2020年度 慶應大学環境情報学部 小論文問題解説

今回は、2020年度、慶應大学環境情報学部小論文問題解説です。

この年はどんな問題が出たのかと言いますと……4つの課題文が出題され、それぞれの文章を一目でわかりやすく表現した後に、人間性について論述するという問題が出ています。

〈問1〉

それぞれの著者が論じている「人間性」とはどのようなものか、一目でわかりやすく表現してください。

ただし、【1】〜【4】のそれぞれの解答には、「人」「環境」「情報」という3つの言葉を必ず含むようにしてください。

〈**解説**〉

この問題をどのように解くかですが、「モデル化」ということを考えます。

モデルについては、様々な説明が可能ですが、ウィキペディアには、以下のような説明がありますね。

自然科学におけるモデルは、理論を説明するための簡単で具体的なもの。

今回の4つの文章は、4人の著者が書いたものですが、それぞれの著者の考えが含まれています。

この考えをモデルとして、図式化しましょうということです。

当塾では、「図式化問題の解き方」などの授業で、詳しくSFCの作図問題について解説していますが、今回は、モデルについての問題が出ましたので、この解説でモデルについて簡単に考え方をご紹介していきます。

モデルの特徴は何かと言えば、以下のようなものかと思います。

【モデルの特徴】

［1］全体として何らかの考え方（理論）の仕組みを概説している。

［2］論理的に記述されている。

　a．論理的とは、漏れなく重複無くということ。

　b．漏れなく、重複なくとは、重要な概念について漏れや重複がないこと。

［3］不要な情報をそぎ落とし、簡素化されている。

［4］（可能であれば）数学的な計算ができるように数理モデルが組まれている。

　あまりごちゃごちゃ述べても、イメージができないと思いますので、牛山の手書きの解答例を先に見てみましょう。

〈資料1　解答例〉

※情報
五感
宗教
未来
世界観
※環境(観)
(作る)
言葉
(生み出す)
※人
(影響を受ける)

シンプルですね。**文章に書かれている内容を図式化すると理解力が進むのを実感できると思います。**

ここまで情報をそぎ落としていいのかなと、思われる方もいるかもしれませんが、このくらい簡素にしていくことが重要です。

モデル化とは、シンプル化です。

この解答に何か加えるとするなら、

言葉が情報を作る。

情報が世界観を作る。

世界観が環境（観）を作る。


この程度の内容はメモ的に書かれていてもＯＫです。

ただ、それ以上ずるずると、文章が書かれているのはＮＧです。

気づいた人がいるかもしれませんが、設問で要求されているキーワードである「人」「環境」「情報」の３つのキーワードには、※マークがつけられています。


この理由は、採点者の負担を減らすためです。

ということは……そうです。資料２の答案にも、３の答案にも、４の答案にも、※マークがつくということです。

それでは、資料２の解答例を見てみましょう。

事例を通してすこしずつ学んでいきますよ。

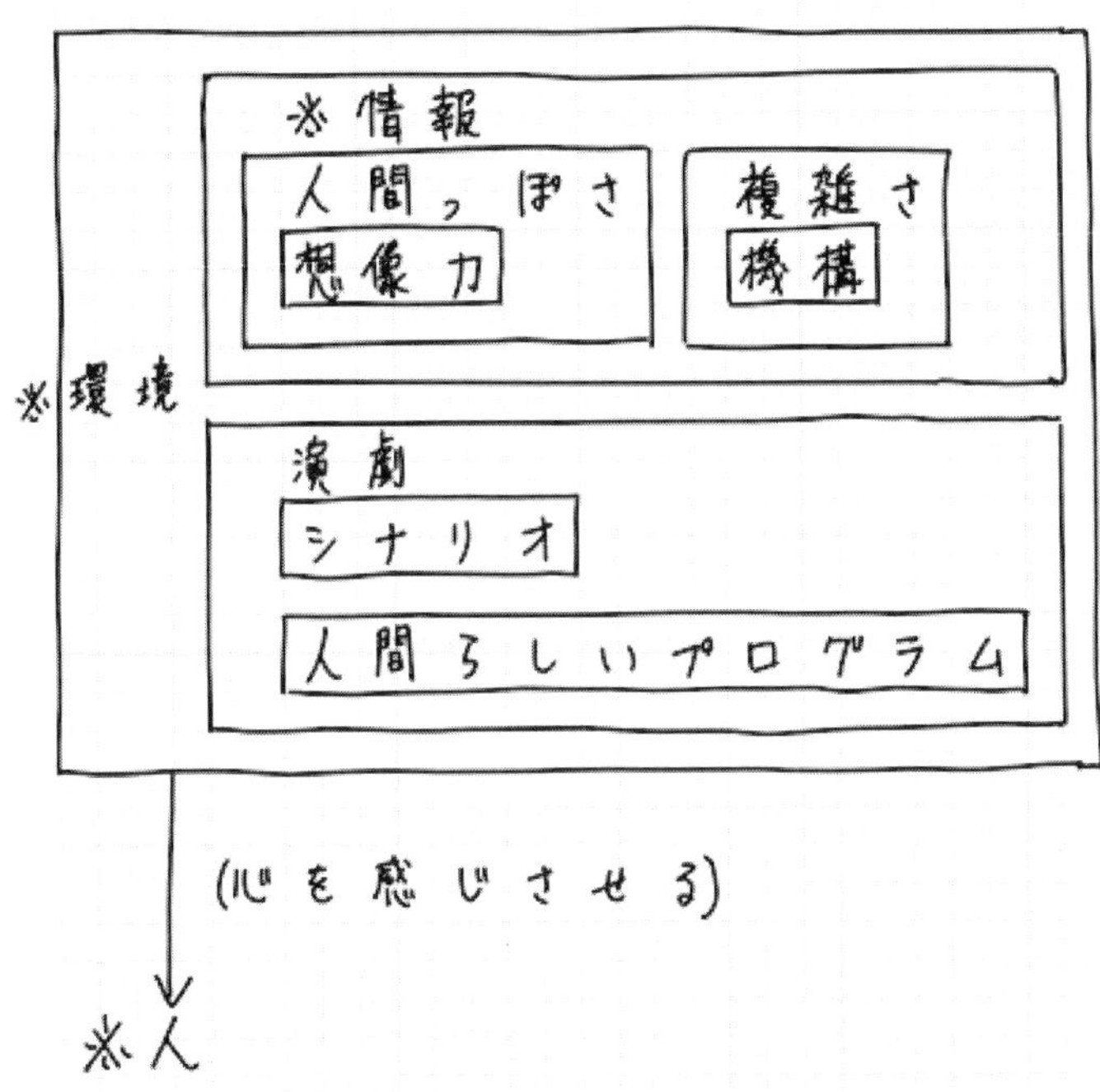

〈資料2　解答例〉

この図も文章を図式化したものです。文章よりも理解しやすいのを実感できると思います。

論理式を学んだから論理式だけですべてを理解しようとする必要はありません。理解の本質は、情報構造の理解です。論理式はその情報構造の理解に役立ちます。

今回の答案のポイントですが、正確さよりも、着地点だと私は言ってしまいましょう。

今回の問題では、正確なモデルを作成しているわけではありません。

あなたが学術論文を書いて、定量分析に基づいて、計算式を立てて、何かを検証したわけでもなんでもありません。かなり荒い論考や分析を通じて、その内容を理論モデルとして、作図することが求められています。時間も厳しいですしね。

そうなると大事になってくるのが、この図を通して、要は何を伝えたいのかということです。どこがこの図の理論なのでしょうか。

この資料２の文章では、あたかもロボットが心を持っているように、私たちには感じられるということが書かれていたのでしたね。

そうすると、心を感じさせる要素は何なのかを論理的に記述すれば、合格点がもらえます。

その上で、採点者の人に納得感があるように、着地点として、（心を感じさせる）という部分が目立つように書きます。

今回の答案では、人と環境と情報の関係を的確に捉えることができているかどうかがポイントになります。

それでは、この点に気を付けつつ、資料３の解答例を見てみましょう。

〈資料3 解答例〉

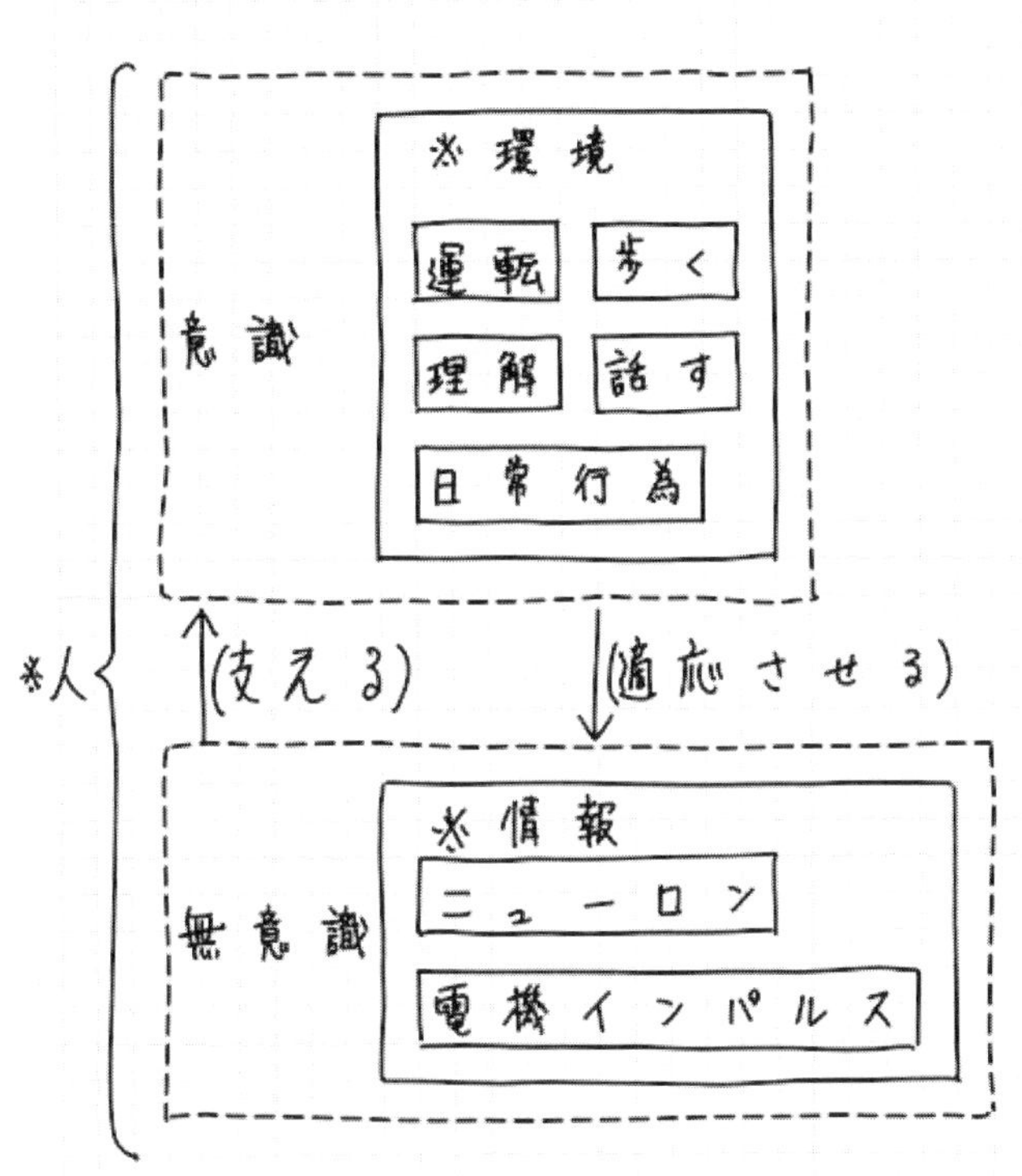

さて、ここまで見て気づいた人がいるかもしれませんが、非常に簡素に作図されていますね。

作図問題の解法とポイント

ポイントの1つは大げさな表現を用いないということです。文字の大きさも原則として、相当特別な意味がない限り同じにします。

その上で、論理的に並列関係にあるもの（例えば今回の答案で言えば、意識と無意識）については、同じ高さにそろえています。

つまり、作図をする時の大事なポイントは、形や大きさにすべて原則として意味があるようにするということです。

私が作図された答案を添削している時に、「ここの丸は何で四角ではなくて丸なの?」とか、「この部分が大きく表現されているけど、何か特別に意味があるの?」などとSkypeレッスンで質問するのはここが理由です。

【やるべきではないこと】

［1］意味もなく丸にしてはいけません。（わかりやすいなど理由があるならOK）
［2］意味もなく大きくしてはいけません。
［3］意味もなくずらして書いてはいけません。

論理的であるならば、意味のない丸よりは無機質な四角の方が良いでしょう。論理的にするならば、何かを大きくすると論理的な意味があると思われてしまうので、大きさをそろえる必要があります。

論理的にするのであれば、同じ階層のものは同じ高さ、位置で書く方がよいでしょう。さて、この視点を持って、次の資料4のモデル化された図を見てみましょう。

〈資料4　解答例〉

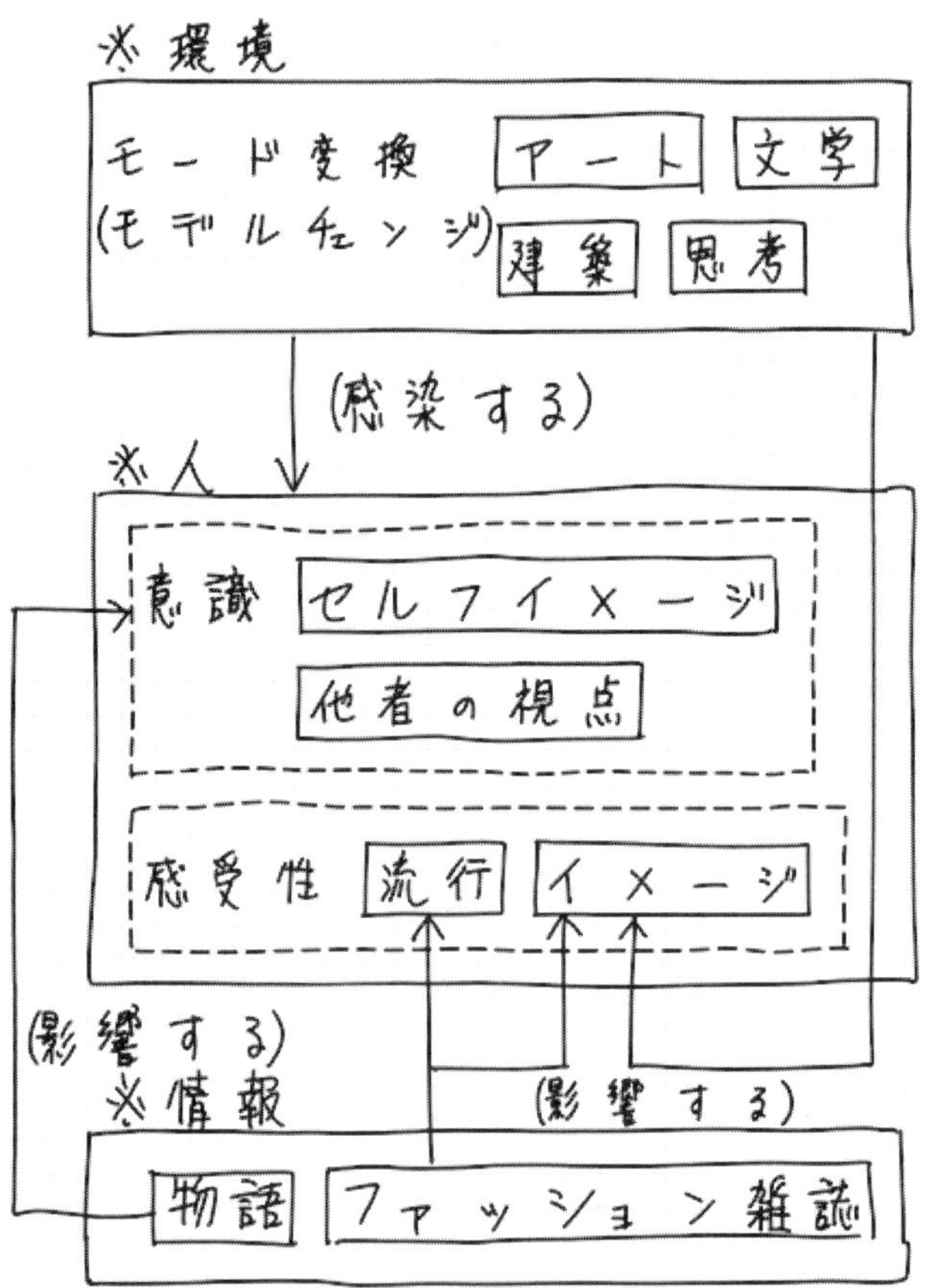

※環境
モード変換
(モデルチェンジ)
アート
文学
建築
思考
(感染する)
※人
意識
セルフイメージ
他者の視点
感受性
流行
イメージ
(影響する)
※情報
(影響する)
物語
ファッション雑誌

どうでしょうか。同じ階層で表現してよいと考えられる内容は、高さをそろえていますね。その上で、階層が複雑化するものについては、点線をうまく活用することで、紛らわしさを軽減しています。

それぞれの矢印がどのような意味なのかを簡単にシンプルに記述しています。こうすることで、全体の構成要素がお互いにどのように関係しあっているのかをシンプルに記述することができます。

さて、作図問題はいかがだったでしょうか。

慶應SFCでは、作図問題が毎年のように出題されています。そのため、この点についてきちんと対処していくことが極めて重要です。

慶應の環境情報は、よくものが見える人を欲しているのですが、このような問題はその能力の一部を試すものだと思われます。

やり方がわかるとずいぶんやりやすくなりますね。

〈問2〉

これからの30年で起こり得る社会システムの変容に、私たちの「人間性」はどのように影響されるでしょうか？　またこうした「人間性」を自覚した上で、あなたは未来社会においてどのようにふるまっていこうと考えますか？

〈問2　解答例〉

本問では、人間性を人間らしさと定義している。近年ＭＩＴラボが世界を対象に、人工知能による自動運転技術を用いた車両がどのように操作されることが道徳的なのかについて、大規模なアンケートを実施した。通称モラルマシンと呼ばれるこの調査では、全世界の様々な地域から、自動操縦の車が、事故を避ける際に、何を犠牲にすべきかについてのデータが集まっている。例えば、自動操縦の車が危険回避を行う際に、小さな7歳の女の子と、老人5人のグループのどちらかにどうしても追突しなければならない場合、どちらにＡＩは回避行動を取るべきかという類の質問が本調査でなされている。このような社会背景がある中で、これからの30年で起こり得る社会システムの変容に私たちの人間性はどのように影響されるのだろうか。

私は、私たちの人間性は、ＡＩによって、世界に発信される道徳的なシステムにより、何がより一層人間らしい振る舞いであり、行動なのかについての認識がより一層画一的になると予想する。

道徳は相対的なものであるという考え方と、絶対的なものであるという考え方（プラトンのイデア論など）は、時代と共に変遷しつつあるものの、近年CSRなどの概念が広まり、法的な道徳基準以外にも、高いレベルでの社会貢献性が企業に求められるようになりつつある。このように、倫理的である基準は多くのケースで高い基準が要求される傾向が強まり、同時に、多様な道徳観念が特定の道徳意識である規範に集約される流れが存在する。従って人工知能社会に暮らす私たちは徐々に法律および社会システム（ここでは、社会に組み込まれた人工知能の道徳規範を含む）の影響を受け、それらと同一化すると私は考える。

未来社会において、私自身はどのように振る舞うべきか。かつてニーチェは、自分の欲望に忠実に生きることこそが、本来の人間の自然の姿であり、人間らしいと説いた。しかし、私はこの考えには同意できない。刹那主義的な生き方は、人間らしいというよりも、猿に等しいためである。ある調査では、高邁な理論や倫理観を説く人物よりも、倫理を重視する人物は、身近な人を笑わせるなど、より一層実践的な側面を持っていることが報告されている。誰よりもより一層人間的で優れていると考える批評者になるよりも、私は同様に、身近な人の幸福を実現するための実践者として、自分にできることをすぐに実行する人間でありたい。

〈解説〉

今回の問題では、設問に2つの要求があります。

この2つの要求にきちんと答えることが重要です。

おかしな独自理論の構文に文章をあてはめるような愚を犯していませんか？

そういう練習はすぐにやめましょう。

小論文は、論文試験ですから、論文の書き方をきちんと学ぶ必要があります。

それから、きちんと2つに答えましょうとここでアドバイスしたのは、それぞれに配点がある可能性があるからです。

例えば、50パーセントずつの配点があった場合、どちらかを書いていなければ、不合格確定です。そうなっているかどうかはわかりませんが、その可能性も考えて書く方がいいでしょう。

それでは、1つ目の設問の要求についてです。

これから30年で起こり得る社会システムの変容に、どのように人間性が影響されるのか？と問うていますから、今後30年でどのような変容があるのかを書く必要があります。

ここでは、未来予測が問われているということです。

よく慶應受験生の答案を添削していると、突拍子も無いことを書く人がいます。

自分が考えた構想を書くのはOKですが、どのように実現していくのか、そのプロセスがまったくイメージできないように書かれている答案は評価のしようがありません。

つまり、未来予測とは、多くのケースで、現在の技術やテクノロジーの延長線上にあるということです。

従って、産業革命以前まで遡ってもいいですし、直近の最新のテクノロジーに言及してもいいので、なんらかの原理を見つける必要があります。設問1で問われているのも、モデル化された理論について問われているわけですから、そこにある原理を見抜くことが求められています。同様に、設問Ⅱでも、どのような原理で私たちの社会が動いているのかを見極めることが求められています。

ところが、未来予測モドキをやってしまう人は、多くのケースで、事例を見て早急な意味づけを行います。未来がどうなるのかを知りたい場合、その分野の権威をすぐに連れてきて意見を聞くなど、手っ取り早い解決策ばかりが一般的に望まれがちです。そういう行為の先には、多くのケースで、正確な未来予測はないでしょう。

それでは、この問題はどのようにして解けばいいのでしょうか。

今回の問題に関しては、本問で定義されている人間らしさが、原理的にどのように規定されていくのかを考えることが大切です。

【各資料の一言化　要は何が書かれていたのか】

［資料1］　言葉によって、社会と世界観が規定されて、その影響を受ける。

［資料2］　情報と演出で、心を人は感じる。
［資料3］　環境に脳が影響を受ける。
［資料4］　モードチェンジと物語の影響を人は受ける。

今回の問題では、資料には無いタイプの変容について書いてもいいわけですね。

この5種類（右記の4種類と、資料を使わないパターンを合わせて5種類）の中で、どれが一番点数を取りやすいかと言えば、おそらくですが、5番目でしょう。

なぜならば、本問では、社会システムの変容そのものについて問われているので、そのあたりの納得感が強いものに点数を出しやすくなるためです。資料1～4は、点数は取りにくくなるかもしれませんが、受験生が自由に立ち回ることができるように、救済措置的に用意されているのでしょう。

このように、具体的な点数の取り方も当塾ではよくアドバイスしています。

もう一つ点数を取るコツがあります。

そのコツとは、本問で扱われている人間性についての言葉の定義をある程度自分の答案の中ではっきりとさせるということです。

受験生が論文を書くときに真っ先におかしてしまう間違いは、論点を明確にせず、言葉の定義をあいまいにして文章を組むことです。

論文の世界ではご法度です。

なんとなく聞かれたことに答えたかな……という文章は、多くのケースで大減点です。

ところが、他の塾で添削してもらいました！ とニコニコ私に答案を見せる塾生の答案を見ると、このような肝心な部分が添削されていないことが非常に多いです。

有名大学の修士課程に行っていた人の添削などを見ると、このような添削が多いです。つまり、修士までは論文を書く能力は要求されないので、学校まで歩いて、授業を受けにいく体力があると、誰でも大学を卒業でき、修士号を取得できると、このように日本の大学はほとんどなっています。

もう一つ点数を取るポイントがあります。

答案に入れ込んだ方がいいものとして以下の3点を覚えておきましょう。

【答案に入れ込んだ方がいいもの】

［1］学説

［2］研究成果

［3］先行研究
［4］事例

特に若い受験生は、具体例があると鬼の首をとったように、もう自分が述べていることが200％間違いないでしょうというニュアンスで論を進めがちです。

具体例があってもまったく信用されていないので、注意してください。

本書で学んだように、具体例は、仮説との連関が重要であり、その仮説との連関を強めるためには、一般原則である理由を具体例が支えている必要があります。単に自分の仮説に適合的な具体例を1つ書くなどというのは、「単なるこじつけ」と思われてしまうので注意が必要です。その意味で、小論文を学ぶ際に、具体例を入れ込む構文を習った人は注意が必要です。その構文は全く点数が取れない可能性があります。本書で学んだ論証図や、論理式をしっかりと復習してください。脆弱な論証モデルでは、おのずと説得力がなくなります。

事実があってもそこから論理に飛躍がある思考をしていると思われると、評価はされません。

それでは、2つ目の設問の要求はどのように考えればいいのでしょうか。

私はよく受験生に、「どんな風に書いてもいいよ」なんてアドバイスすることがあるのですね。

そうすると、受験生は泣きそうな顔になってしまいます。

何を書くかを習うことが小論文を学ぶことだと考えているためです。

これは、低い問題意識を抱えているということです。

小論文を学ぶときに、どう書くかを教えてもらえれば受かると考えているのは、小論文を甘く見ている可能性があります。

でも事実、どんな風に書いてもいいのです。

例えば、有名な書家が、誠という字を書くとしましょう。


崩して書いても美しい。

整えて書いても美しい。

ふざけて書いても美しい。

字体を変化させても美しい。


結局どう書いてもレベルが高い人が書くと美しいのです。

このようなレベルの違いがあるときに、先生いったいぜんたいどう書いたら評価されるんですか？ 手っ取り早い方法を教えてくださいよと考える人は上達しません。

このような考え方は答えを知ろうとしているからダメなのですね。

要は、レベルが高い人は、どう書くか以前に、見えているものが違います。

その違いを、そんなことないんだ、たまたまなんだと考えるのか、そうではなくて、そもそも見えているものも、頭の中もまったく違うと考えるかで、上達の速度も変わってきます。


ただ、コツはたくさんあります。

うまくやるコツはたくさんあるので、今日は、そのコツを1つご紹介します。

1つのコツは、内容を面白くすることです。

パラダイムシフトという考え方があります。

従来の思考の枠組みでは見ることができなかった世界が、別の枠組みで世界を捉え直すと、突然出現するという現象を説明した言葉です。

例えば今回の問題で言えば、4つのモデルに共通するのは、二元論であるということです。

より一層人間らしいのか、そうではなく、人間らしくないのかという二元論的なモデルであることが、そもそも複雑な人間性を捉えるモデルとしての不完全性を内包しています。

もしも、人間らしさというものをレベルの高さで考えるという、レベル的観念が不適当なのであれば、それは従来的な通説とは異なり、面白いということになりそうです。

このように、何らかのパラダイムシフトを提供することができると、点数を取りやすいこともあるでしょう。

ただ、逆説的ですが、パラダイムシフトも結局は、見えていることの結果でしかありません。ここで無理やりに(パラダイムシフトに注目するぞ!)と考える人が正確な未来予測ができるかといえば、答えはノーでしょう。

問題の1つは、見えている人がいるという事実を認めたくないということかもしれません。それでは、どうすれば物事が見えるようになるのでしょうか。

【物事がより見えるようになる方法】

〔1〕やり方を教えてもらう。

〔2〕見えている人に近づく。

この2つがポイントだと私は考えます。

小論文の点数を少しだけ伸ばしたいのであれば、自分が書いた文章にペンを入れてもらうといいでしょう。

逆に点数が下がるようにペン入れされているものもよく見かけますが、9割の添削内容は、少ない点数アップのポイントを指摘しているようです。

その反対に、大幅に点数が上がるペン入れをしているものはあまり他の塾では見ません。それくらい、人によって、指摘するポイントは違います。

さて、今年の問題はどうだったでしょうか。

環境情報学部はなにを対策していけばいいのかよくわからないとご相談を受けますが、やることは、なるべく高いレベルにすることです。

それ以外のことはあまり考える必要はありません。

どうすれば高いレベルになるのかを考えましょう。

塾では、大論述の書き方、作図のポイント、プレゼンの方法や極意など、様々な角度から慶應SFCの合格力を高めていきます。

最後に

面接ありの人はマンガで面接を学びましょう

面接試験の点数は、多くのケースで、30点です。優秀な人でも、初回の練習時には、30点ほどしか取ることができていません。

そんな馬鹿な！と思った方は、「志望理由をお聞かせください」という質問になんと答えるか、試してみてください。ハイ、スタート！

こんな具合に試されると、

「えーと、えーと、あのー」

これでもう30点です。

志望理由などに関しては即答できて当たり前です。また、志望理由で大体勝負は決まってしまいます。

面接がある方は、拙著『マンガで学ぶ面接』（エール出版社）を必ず読んでおきましょう。文字だけでは学びにくい面接を、漫画で簡単に一日で学ぶことができます。

たった一日で読めてしまい、点数も上がるので大変おすすめです。

小論文は点数が取れる人に教えてもらうことが大切

YouTubeでは、AO入試で不合格になった人が、AO対策を講義していることがあるようです。このようなトンチンカンなことは、大学などでは起こりません。

大学では、博士課程まで進学した人が大学教員となっているため、しっかりと学識がある先生が、間違いのないことを中心に指導してくださいます。

この意味では、今日本で広まっている小論文の模範解答、小論文の指導などは、大変危ういと言えるかもしれません。私の個人的な考えではなく、筑波大学の名誉教授や、立教大学の石川教授、佐賀大学の板橋教授などが警鐘を鳴らしている通りです。多くの点数が下がってしまう小論文指導が氾濫しています。

本書の狙いの1つは、このように小論文を学びにくい環境にある我が国において、安心して学び、点数を上げてもらうことができる小論文の規範、暗黙のルールを受験生に学んでもらうことでした。

加えて、「論理式」という概念を一緒に学び、論理的に妥当な、点数をもらうことができる解法を受験生に伝授しました。今までの小論文指導には無い画期的な解法と言えます。また、論証モデルを紹介し、従来の小論文指導の論証モデルの脆弱さを一緒に学び、トゥールミンが提唱する論証モデルまでの優れた功績に敬意を払いつつ、従来の論証モデルの問題点を解決するための論証モデルを提唱しました。

ぜひ本書をフル活用し、志望校合格を勝ち取ってください。

牛山主催の塾のご案内

本書の著者である牛山は小論文の塾を運営しています。あなたの志望校に受かるためのサポートをご希望の方は、以下の塾にオンラインでアクセスしてください。その上で、無料でもらえる小論文得点力アップのプレゼントをもらいましょう。

【牛山主催の塾一覧】

[1] 文和会……全大学対応 100%オンライン塾

[2] 慶應クラス……慶應進学専門 100%オンライン塾

[3] 慶應 SFC 特化クラス……慶應 SFC 専門 100%オンライン塾

【慶應クラス資料請求方法】

郵便番号、住所、お名前、電話番号を記載して、

digisistem.skilladviser@gmail.com

まで、メールでご連絡ください。※件名：資料請求希望

読者プレゼントなど

【無料メールマガジン】

文和会と検索すれば、牛山主催の小論文塾が出てきます。このサイトで無料メルマガに登録し、無料で小論文の授業を受けてみてください。

【YouTubeチャンネル】

本書の著者である牛山が小論文や受験法、学習法を解説します。**digisistem**と検索すると出てきます。

私が運営する「SFC対策ブログ」もチェックしてみてください。

【ブログ名】

慶應SFC対策（SFC小論文対策）実質的に3年連続で全国模試日本一（偏差値87・9）を輩出した牛山の小論文指導

http://maishu.kir.jp/wp/

【著者プロフィール】

・慶應義塾大学合格請負人
・スキルアップコンサルタント
・株式会社ディジシステム 代表取締役
・慶應大学進学専門塾『慶應クラス』主催者

スキルアップの知見を用いることで、牛山自身の能力が低いにも関わらず、大学院において、『東大卒、東京大学医学部卒、京都大学卒、東大大学院卒（博士課程）、最難関国立大学卒、公認会計士、医師（旧帝大卒）、大学講師等エリートが多数在籍するクラス』（平均年齢35歳程度）において成績優秀者となる。

慶應大学に確実かつ短期間で合格させる慶應義塾大学合格請負人。慶應義塾大学合格の要である、小論文と英語の成績を専門家として引き上げる為、理系を除く全学部への合格支援実績がある。（学部レベルだけに留まらず、慶應大学法科大学院へ合格に導く実績もある。）短期間で人を成長させる為の知見を活かし、教え子の小論文の成績を続々と全国10位以内（TOP 0.1％以内も存在する）に引き上げることに成功。12月時点で2つの模試でE判定の生徒を2ヵ月後の本試験で慶應大合格に導く実績もある。技術習得の専門家として活動する為、英語力の引き上げを得意としており、予備校を1日も利用させずにお金をかけず、短期間で英語の偏差値を70以上にして、帰国子女以上の点数を取らせるなどの実績が多い。慶應大学合格支援実績多数。自分自身も技術習得の理論を応用した独自の学習法で、数万項目の記憶を頭に作り、慶應大学ＳＦＣにダブル合格する（その手法の一部は自動記憶勉強法として出版）。同大学在学中に起業し、現在株式会社ディジシステム代表取締役。より高い次元の小論文指導、小論文添削サービスを提供するためにも、世界最高の頭脳集団マッキンゼー・アンド・カンパニーの元日本支社長であった大前研一学長について師事を受ける。ビジネスブレークスルー大学大学院（Kenichi Ohmae Graduate School of Business）経営管理研究科修士課程修了。（ＭＢＡ）ス個人の能力とは無関係に「思考・判断力」「多くの記憶作り」等で結果を出すことができるスキルアップコンサルタントとしてマスコミに注目される（読売新聞・京都放送など）。他の「もともと能力が高い高学歴な学習支援者」と違い、短期間（半年から1年）で、クライアントを成長させることが特徴。慶應合格のためのお得情報提供（出る、出た、出そう）ではなく、学力増加の原理と仕組みから根本的に対策を行う活動で奮闘中。現在、東京工業大学大学院博士後期課程在学。

【執筆書籍】

・『小論文技術習得講義』（改訂版あり）
・『自動記憶勉強法』（改訂版あり・電子書籍）
・『なぜ人は情報を集めて失敗するのか？　目標達成論』（改訂版あり）
・『勉強法最強化ＰＲＯＪＥＣＴ』（弁護士・医師との共著）
・『慶應大学絶対合格法』
・『慶應小論文合格ＢＩＢＬＥ』（改訂版あり）
・『機械的記憶法』
・『クラウド知的仕事術』
・『小論文の教科書』
・『速読暗記勉強法』
・『難関私大対策の急所』
・『ＡＯ入試プレゼンテーション対策と合格法』

【マスコミ掲載事例一部】

・読売新聞（全国版）学ぼうのコーナーにて8回掲載（週間企画）

・京都放送　ＴＶ番組ぽじポジたまご　会社紹介　平成23年10月7日
・京都放送　ＴＶ番組ぽじポジたまご　平成23年11月４日放送
・産経関西　20年前とは変わった受験事情　平成23年12月９日

『慶應大学に我が子を確実に合格させる教育法』プレジデントFamilyClub様（メディア掲載）
・第１回：「従来の教育法では慶應に益々合格しにくくなる」
・第２回：「慶應大学合格に必要な要素と中核」
・第３回：「慶應大学合格に有効な受験対策（前編）」
・第４回：「慶應大学合格に有効な受験対策（後編）」～「受け身の学習」から「攻めの学習」に変化させる～
・第５回：「慶應小論文対策で失敗しないための根本的対策」
・第６回：「信頼関係と素直な心で慶應受験に強くなる」
・スピンオフ編：今からでも時間がなくても国立大学、慶應大学に我が子を合格させる方法
・スピンオフ編：逆転合格を可能にする慶應ＳＦＣ小論文対策〈前編〉
・スピンオフ編：逆転合格を可能にする慶應ＳＦＣ小論文対策〈後編〉
・スピンオフ編：【英語】我が子を慶應大学に合格させる英語教育法

・スピンオフ編：指導品質を高める「業界初の100％オンライン小論文添削システム」
・スピンオフ編：志望校に合格しやすい「小論文添削サービス」選びの注意点
・スピンオフ編：慶應ＳＦＣの小論文対策４つの秘訣合格法
・スピンオフ編：全国1位連続輩出講師が教える「小論文の型」と、慶應小論文対策のオススメ参考書
・スピンオフ編：医学部と看護学部の受験を成功させる小論文対策
・スピンオフ編：(第一回) ～勉強しなくても受かる⁉～慶應義塾大学法学部ＦＩＴ入試対策のコツと勘所
・スピンオフ編：(第二回) ～慶應義塾大学法学部ＦＩＴ入試対策に学ぶ～合否を決める「志望理由書の書き方」
・スピンオフ編：(第三回) ～慶應義塾大学法学部ＦＩＴ入試対策に学ぶ～合格しやすい自己推薦書の書き方と勘所
・スピンオフ編：(第四回) ～勉強しなくても慶應に受かる⁉～ 慶應義塾大学法学部ＦＩＴ入試Ａ方式の対策に関するコツと勘所
・スピンオフ編：(第五回) ～勉強しなくても慶應に受かる⁉～ 慶應義塾大学法学部ＦＩＴ入試Ｂ方式の対策に関するコツと勘所

【論文】（一部紹介）

Yasunori Usiyama,Masako Ikegami,Extraction of the Conditions for Generating Effects of Ethical Management,2020 The 11th International Conference on Economics, Business and Management,2020

牛山恭範、池上雅子、「人工知能にインプットするべき倫理的行動目標の優先順位に関する提言」―より一層倫理的な振る舞いを見せるＡＩロボットに関する道徳的ジレンマに焦点を当てて―、日本経営倫理学会、２０１９

―東大・早慶に受かる小論文・
グループディスカッション―

論証モデルと論理式を用いた 高得点小論文解法集

2021年2月5日　初版第1刷発行

著　者　　牛　山　恭　範

編集人　清水智則／発行所　エール出版社
〒101-0052　東京都千代田区神田小川町 2-12
信愛ビル4F
e-mail：info@yell-books.com
電話　03(3291)0306／FAX　03(3291)0310
＊定価はカバーに表示してあります。
＊乱丁本・落丁本はおとりかえいたします。

ISBN978-4-7539-3495-9

★牛山恭範著作集

看護学部・医学部・看護就職試験小論文対策を10日間で完成させる本

２年連続日本一輩出・東大慶應医学部合格へ導く慶應義塾大学進学再作専門塾塾長が日本一まで現実に伸びた小論文の秘訣をを公開！

ISBN978-4-7539-3492-8

マンガで学ぶ面接

大学・高校・中学受験の基本。マンガを読むだけで点数がアップ⁉　そんな夢のような画期的面接対策本

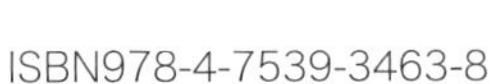
ISBN978-4-7539-3463-8

慶應大学絶対合格法

慶應大学をめざすには歩むべき道がある。全国模試10位以内が続出する小論文指導で人気の著者が提唱する６アタック戦略とは？　大好評改訂３版

ISBN978-4-7539-3377-8

慶應 SFC 小論文対策４つの秘訣合格法

どうやれば、慶應 SFC の小論文で高い点数を取ることができるようになるのか、４つの秘訣を公開。

ISBN978-4-7539-3399-0

慶應小論文合格 BIBLE

慶應 SFC ダブル合格の著者が公開する難関大学・難関大学院受験生にオススメ！　慶應小論文対策の決定版!!
大好評改訂４版

ISBN978-4-7539-3413-3

◎エール出版社◎
本体各 1600 円（税別）